ÉCOLE PRATIQUE DES HAUTES ÉTUDES

SECTION DES SCIENCES RELIGIEUSES

ANNUAIRE 1920-1921

LA VIE ET LA MORT

CROYANCES

ET DOCTRINES DE L'ANTIQUITÉ CHINOISE

PAR MARCEL GRANET

RAPPORT SUR L'EXERCICE 1919-1920

HISTOIRE DE LA SECTION. — COMPTE RENDU DES CONFÉRENCES

PROGRAMME DES CONFÉRENCES

POUR L'EXERCICE 1920-1921

PARIS

IMPRIMERIE NATIONALE

MDCCCCXX

ÉCOLE PRATIQUE DES HAUTES ÉTUDES.

SECTION DES SCIENCES RELIGIEUSES.

PRÉSIDENT : M. **Maurice VERNES**, directeur d'études à l'École pratique des hautes études.

SECRÉTAIRE : M. **J. TOUTAIN**, directeur d'études à l'École pratique des hautes études.

Extrait du règlement commun à la 4ᵉ et à la 5ᵉ Section de l'École pratique des Hautes Études, approuvé par M. le Ministre de l'Instruction publique et des Beaux-Arts, le 20 juin 1917 :

La Section des sciences religieuses de l'École pratique des hautes études a pour objet de diriger et de préparer les jeunes gens qui désirent se consacrer à des travaux d'érudition.

Pour être inscrit comme élève ou auditeur, il n'est exigé aucune condition d'âge, de grade universitaire ou de nationalité. On ne devient élève titulaire qu'après un stage.

Les élèves et auditeurs choisissent les conférences qu'ils veulent suivre. Les directeurs d'études peuvent exclure ceux qui leur sembleraient insuffisamment préparés. Avant chaque conférence, les assistants signent sur un registre de présence. Toute absence prolongée doit être justifiée.

La durée de scolarité est de trois ans, stage compris. L'année scolaire commence avec la première semaine de novembre et finit avec la dernière semaine de juin. Les conférences sont suspendues du 25 décembre au 5 janvier, pendant la semaine sainte et pendant la semaine de Pâques.

Après au moins deux ans d'études (stage compris), un élève titulaire peut demander le titre d'élève diplômé. A cet effet, il soumet au directeur d'études un mémoire dit *thèse*. Le directeur d'études, s'il trouve la thèse satisfaisante, la présente au Conseil de la Section. Le Conseil désigne, pour examiner la thèse, une commission de deux membres, auxquels le Président de la Section a le droit de s'adjoindre. Sur rapport écrit de la Commission, le Conseil prononce l'acceptation de la thèse.

Le titre d'*élève diplômé* n'est acquis et le diplôme n'est conféré qu'après l'impression de la thèse.

Les inscriptions sont reçues au Secrétariat spécial de la Section, à la Sorbonne, ouvert aux heures de cours.

Les élèves et auditeurs sont admis à la Bibliothèque de l'Université sur la présentation de leur carte d'inscription.

ÉCOLE PRATIQUE DES HAUTES ÉTUDES

SECTION DES SCIENCES RELIGIEUSES

ANNUAIRE 1920-1921

ÉCOLE PRATIQUE DES HAUTES ÉTUDES

SECTION DES SCIENCES RELIGIEUSES

ANNUAIRE 1920-1921

LA VIE ET LA MORT

CROYANCES

ET DOCTRINES DE L'ANTIQUITÉ CHINOISE

PAR MARCEL GRANET

RAPPORT SUR L'EXERCICE 1919-1920

HISTOIRE DE LA SECTION. — COMPTE RENDU DES CONFÉRENCES

PROGRAMME DES CONFÉRENCES

POUR L'EXERCICE 1920-1921

PARIS

IMPRIMERIE NATIONALE

MDCCCCXX

LA VIE ET LA MORT.

CROYANCES

ET DOCTRINES DE L'ANTIQUITÉ CHINOISE.

L'idée centrale de la spéculation chinoise est la conception d'une stricte solidarité entre le Monde et l'Homme. Les penseurs se représentèrent les lois de l'évolution naturelle à l'aide d'une mystique des nombres : ils tentèrent aussi d'expliquer par des arrangements numériques le cours de la vie humaine. Ils firent preuve de grande habileté ; ils réussirent à retrouver par raisonnement quelques faits d'expérience : les observations d'ordre empirique se trouvèrent dès lors intégrées dans un système du Monde.

Ce système étant, par tous, conçu à peu près de même, il n'y a pas grande variété dans les exemples typiques que je vais donner de *raisonnements* sur la vie humaine.

Soit (pour prendre un point de départ) à justifier la règle qu'un homme doit se marier à 30 ans, une fille à 20 ans [1]. —

[1] J'analyse ici deux textes dont voici la traduction : 1° (*Choua wen*, v° 包) « = embryon : 巳 *sseu*, figure dans (l'enveloppe) l'enfant dont le corps n'est point entièrement formé. Le souffle originel 元 氣 a son point de départ (au caractère cyclique) *tseu* (enfant) [voir la figure]; le mâle, par une marche vers la gauche, au bout de 30 (stations), la femelle, par une marche vers la droite, au bout de 20 (stations), se trouvent ensemble à (la station marquée par le 6e caractère cy-

Une année est, dans le temps, un tout; le point initial où l'on fait
commencer et finir le cercle est indiqué par le caractère cyclique
qui est le premier de la série duodénaire marquant les étapes du
cycle : les 12 caractères de la série correspondent soit à des
mois, soit à des heures doubles, soit — en vertu de la liaison
constante des espaces aux temps — à des 1/12 d'horizon. Le point
initial est placé au Nord plein, au solstice d'hiver, à minuit : il est
symbolisé par le caractère 子 *tseu* qui signifie «enfant, œuf,
graine, semence»; les 11 autres caractères suivent *dans l'ordre
de la succession des temps*, c'est-à-dire, pour un observateur
orienté face au Sud (comme on doit l'être en Chine), *en allant vers
l'Est et vers la gauche*. Parcourir le cycle *en allant vers la droite*
(*Ouest*) serait aller à contresens, dans l'ordre inverse de la

clique) *sseu* (qui figure l'embryon). Ils sont mari et femme; la grossesse se fait à
sseu; sseu est l'enfant; il naît à 10 mois; un garçon, à partir de *sseu* (par une
marche vers la gauche), arrive (au bout de 10 stations) à (la station marquée par
le caractère cyclique) *yin* (la 3ᵉ); une fille, à partir de *sseu* (par une marche vers
la droite), arrive à *chen* (9ᵉ caractère cyclique). C'est pourquoi les années d'un
garçon ont leur origine à *yin*, celles d'une fille à *chen*.» — 2" (*Kao Yeou*, glose au
chap. 23 de *Houai-nan Tseu*) «Pourquoi (un homme) se marie-t-il à 30 ans?
Quand le *yin* et le *yang* ne sont point séparés, ils naissent ensemble à (la station
marquée — Nord-plein — par le caractère cyclique) *tseu* (enfant). Le mâle, à
partir du nombre *tseu*, par une marche vers la gauche, au bout de 30 ans
(= 30 stations cycliques) est à (la station) *sseu* (embryon); la femelle, à partir du
nombre *tseu*, par une marche vers la droite, au bout de 20 ans (= 20 stations)
est à *sseu* (embryon). Ils s'unissent comme mari et femme. C'est pourquoi les
Saints, en raison de cela, ont fixé les rites et fait prendre femme à 30 ans et mari
à 20 ans. S'ils ont un garçon, (celui-ci), à partir du nombre *sseu* (embryon), par
une marche vers la gauche, au bout de 10 (mois de gestation = 10 stations cycliques) trouve *yin* (3ᵉ station) : c'est pourquoi le nombre(-maître de la vie)
d'un garçon a son origine à *yin*. Une fille, à partir du nombre *sseu* (embryon),
par une marche vers la droite, au bout de 10 (stations) trouve *chen* : c'est pourquoi le nombre(-maître de la vie) d'une fille a son origine à *chen*. La planète de
l'année (Jupiter) en 12 ans fait sa révolution; la voie du ciel en 12 (stations)
est complètement (parcourue); c'est pourquoi un seigneur, à 12 ans, est majeur et
prend femme : à 15 ans, il engendre un fils.» Noter que pour *Kao Yeou*, les stations cycliques ont valeur de nombres.

succession des temps [1]. La 6ᵉ station cyclique dans l'ordre normal (en comptant, à la chinoise, termes compris) est marquée par le caractère 巳 *sseu* qui veut être la figuration d'un embryon. Le temps-origine, le point initial, le solstice d'hiver, minuit, le Nord (*tseu* « l'enfant, la semence ») est l'endroit où coexistent sans séparation les deux principes cosmogoniques sexués dont l'action inverse et l'influence antithétique constituent la durée : quand ils se séparent, ils s'écartent du point initial par des voies opposées ; le *yang*, principe mâle,

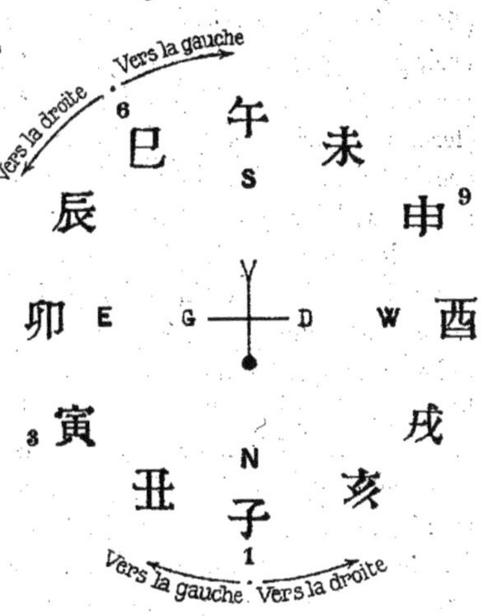

actif, prééminent, suit la voie normale (conforme à celle du soleil) : il parcourt les étapes cycliques en marchant vers la

[1] Les 12 caractères cycliques marquent aussi les 12 stations de la révolution de Jupiter (cf. CHAVANNES, *S. M. T.*, t. III, p. 655). La marche de Jupiter (son mouvement apparent se faisant à l'inverse de celui du soleil) se fait vers la droite : or Jupiter est dit le *yang de l'année*. Le *yin de l'année* (corps céleste fictif, antithétique à Jupiter) poursuit sa marche vers la gauche (dans le sens de la succession des caractères cycliques). On notera que, tout au contraire, dans les textes précédemment analysés, la marche dans le sens normal (vers la gauche) caractérise le mâle (*yang*) et la marche inverse la femelle (*yin*). De fait, la gauche est le côté mâle, la droite le côté féminin (cf. *Nei tsö. Li Ki*, COUVREUR, t. I, p. 675-676); (la marche vers la gauche est celle du soleil, essence du *yang*). La gauche était, en effet, considérée comme le côté noble chez les gens du peuple, *« qui prenaient pour règle l'ordre céleste »* (voir GRANET, *Polygynie sororale*, p. 41); la droite était préférée par les gens distingués, qui *prenaient pour règle l'ordre terrestre*. — On devine à travers les variations des théories d'importantes transformations sociales.

gauche 左 行 ; le *yin*, principe féminin, les parcourt en marchant vers la droite 右 行 (à contresens). A partir de *tseu* « point d'origine, enfant, semence », tous deux n'arrivent à *sseu* « embryon » (6ᵉ station dans l'ordre normal) et ne s'y rencontrent qu'après avoir parcouru un nombre inégal de stations. Ils s'y rencontrent, *par exemple*, quand le principe femelle a parcouru 20 stations (termes compris), et le principe mâle 30 stations : l'union dont provient l'embryon, le mariage, *doit* donc se faire quand la femme a 20 ans, le garçon 30 ans.

De la même manière s'expliquent les nombres constitutifs du cours de la vie masculine ou féminine. L'embryon étant formé (à *sseu*, 6ᵉ station), son évolution se poursuit pendant 10 mois. [« Le grand nombre du ciel a son terme à 10 (nombre total)... , le souffle du *yang* débute au 1ᵉʳ mois (solstice d'hiver, *tseu*); il sort sur terre, fait naître, pousser, nourrit et fait grandir (les produits de la terre) jusqu'à ce que son action arrive à plein effet : la récolte a lieu au 10ᵉ mois. L'homme, de même, naît au 10ᵉ mois (de la grossesse, termes compris); il s'accorde au nombre du Ciel [1]. »] Pour un embryon mâle l'évolution se poursuit (dans l'ordre normal) par la gauche : la 10ᵉ station à partir de *sseu* étant 寅 *yin* (3ᵉ station), les années d'un homme ont leur principe à *yin*. L'évolution de l'embryon femelle, faite par une marche vers la droite, conduit la fille à naître à *chen* 申 (9ᵉ station cyclique) : les années d'une femme ont leur principe à *chen*. *Yin* et *chen*, stations cycliques orientées, correspondent à une direction, partant à un élément, partant à un nombre. « Le lieu de naissance du principe mâle est *yin* (qui correspond à) l'essence du bois (printemps : *yin* est orienté à l'Est). Le lieu de naissance

---

[1] Texte du *Tch'ouen ts'ieou fan lou* : chap. 43 — 10 est un nombre complet : le changement d'âge se fait tous les 10 ans (cf. *K'iu li. Li ki*, Couvreur, t. I, p. 9); une période de 10 ans forme un tout, une période complète où doivent se traduire les effets des actes qui y ont été accomplis : par exemple, le châtiment des crimes. Voir Granet, *Fêtes et chansons anciennes*, p. 195.

du principe femelle est *chen* (qui correspond à) l'essence du
métal (automne : *chen* est orienté à l'Ouest)[1]. » Or, si la disposition des nombres-maîtres dans le système
du *Yue ling* affecte au bois-printemps les
nombres 3, 8 [8 = 3 (+ 5), 5 est le nombre
central, le nombre du centre et de l'élément
Terre], et au métal-automne les nombres 4,
9 [9 = 4 (+ 5)][2] — dans le système du
Ming T'ang[3], système du carré magique orienté[4], les nombres
du bois-printemps sont encore 3, 8, mais ceux du métal-automne

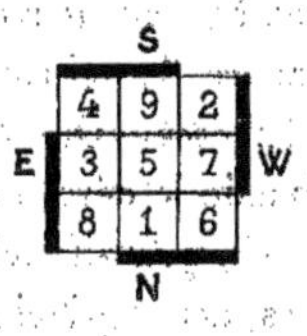

<table>
<tr><td colspan="3" align="center">S</td></tr>
<tr><td>4</td><td>9</td><td>2</td></tr>
<tr><td>3</td><td>5</td><td>7</td></tr>
<tr><td>8</td><td>1</td><td>6</td></tr>
<tr><td colspan="3" align="center">N</td></tr>
</table>

(E à gauche, W à droite)

[1] Texte du *Chen sien tchouan* : 陽生立於寅、純木之精、陰生立
於申、純金之精、

[2] *Yue ling*, *Li ki*, Couvreur, t. I, p. 330 et suiv., et p. 410 (tableau).

[3] Le *Ta Tai Li ki* (chap. 明堂) affecte un nombre à chacune des neuf salles
carrées composant le bâtiment *carré* où doit se faire la promulgation des règlements
mensuels (*Yue ling*); ces nombres sont énumérés dans l'ordre 2, 9, 4, 7, 5, 3,
6, 1, 8, ce qui implique une disposition en *carré magique orienté*, le *Sud étant*
(à la chinoise) *placé en haut*. Legge (*Yi king*. Sacred books of the East, t. XVI,
p. 18) a montré que le *Lo chou* (l'un des diagrammes sur lequel prétend s'appuyer
une des dispositions des huit trigrammes divinatoires) correspondait à un carré
magique : il admettait qu'il s'agissait là d'un jeu arithmétique d'invention récente.
Le texte du *Ta Tai Li ki* montre : 1° que cet arrangement remonte au moins à
l'époque de la rédaction des rituels; 2° qu'il correspondait à d'importantes pratiques religieuses (calendrier); 3° qu'il existait au moins deux systèmes d'orientation des nombres (celui du *Yue ling*, celui du *Ming t'ang*). — Je crois qu'il ne
serait pas impossible de montrer que ces deux systèmes sont en rapport : 1° avec
les deux arrangements des trigrammes; 2° avec deux systèmes de division de l'année, l'un rattachant l'automne à l'hiver (9 + 6 = 15), le printemps à l'été
(8 + 7 = 15) : c'est la disposition dite de *Fou Hi* (les 4 trigrammes *yang* sont
disposés du N.-E. au S.; les 4 *yin*, du S.-W. au N.), — l'autre groupant l'été avec
l'automne (trigrammes *yin* du S.-E. à l'W. — nombres forts impairs 9, 7 et
faibles pairs 4, 2), et l'hiver avec le printemps (trigrammes *yang* du N.-W. à l'E.
— nombres forts pairs 6, 8, *faibles impairs* 1, 3), — c'est la disposition dite du
roi *Wen* (voir dans Legge, *l. c.*, la disposition des trigrammes).

[4] J'ai signalé par un trait renforcé, dans le schéma du carré magique, les
couples de nombres, l'un faible, l'autre fort (le faible inférieur à 5, le fort = au
faible + 5, et nécessairement l'un pair et l'autre impair), qui correspondent à un
orient.

sont 2, 7 (4, 9 sont passés au feu-été; 1, 6 restent à l'eau-hiver)[1]. En vertu de ce dernier système, la station *yin* = Est confère au garçon qui naît sous son influence le nombre-maître 8, qui commande le développement masculin; — la station *chen* = Ouest confère à la fille le nombre-maître 7, qui commande le développement féminin.

On pouvait arriver à la même conclusion par une autre voie[2]. Les deux principes antithétiques du binôme *yin-yang* évoluent chacun sous l'influence adverse de l'autre : de même le développement masculin doit être réglé par un nombre féminin = *yin*, et inversement le développement féminin doit être réglé par un nombre masculin = *yang*. Or 8 (= printemps-Est) est le nombre du jeune *yin* (6 = hiver-Nord étant le nombre du *yin* pur ou vieux *yin*), et 7 (= automne-Ouest) est le nombre du jeune *yang* (9 = été-Sud étant le nombre du *yang* pur ou vieux *yang*). [9 et 7 sont les grands (supérieurs à 5) nombres impairs (= *yang*); 6 et 8, les grands nombres pairs (= *yin*)[3].] D'où il suit que la vie féminine doit être commandée par 7 et la vie masculine par 8. Mais aussi, les nombres-élémentaires du *yin* et du *yang*[4] étant respectivement le (premier) nombre-pair : 2 et le (premier) nombre-impair : 3, ces deux nombres doivent intervenir pour régler le cours de la vie.

---

[1] On notera que, dans le *Yue ling* comme dans le *Ming t'ang*, l'hiver-Nord et le printemps-Est gardent les mêmes valeurs numériques : l'automne-Ouest et l'été-Sud échangeant seuls leurs valeurs.

[2] *Han che wai tchouan*, chap. 1 : «Le *yin* évolue par l'effet du *yang*, le *yang* par l'effet du *yin*; c'est pourquoi, pour un garçon, à 8 mois, la dentition pousse; à 8 ans, elle change; à 16 ans, les humeurs sexuelles commencent à s'écouler; pour une fille, à 7 mois, la dentition pousse; à 7 ans, elle change; à 14 ans, les humeurs sexuelles commencent à s'écouler.» Comp. *Ta Tai Li ki*, chap. 80.

[3] Voir LEGGE, *op. cit.*, p. 365 et 423 (note).

[4] *Ibid.*, p. 422.

Restaient à faire les vérifications d'expérience. On constatait donc :

1° *Dans l'ordre physique* [1] : « Pour une fille, à 7 ans, les humeurs 氣 des reins arrivent à la plénitude 盛, la dentition change, la chevelure s'allonge; à 2×7 ans, (l'influence des eaux du) Septentrion [2] 天癸 (*Tien kouei*) arrive, le vaisseau *jen* entre en communication, le vaisseau *t'ai-heng* arrive à la plénitude [3], les menstrues s'écoulent à temps réglé; (la fille peut) donc avoir des enfants; à 3×7 ans, les humeurs des reins sont étales, les dents de sagesse [4] poussent donc et la taille est au maximum de croissance; à 4×7 ans, les tendons et les os sont solides, la chevelure est au maximum de longueur, le corps a la plénitude de sa force [5]; à 5×7 ans, le vaisseau *yang-ming* [6] s'affaiblit, le visage commence à se dessécher, les cheveux commencent à tomber; à 6×7 ans, le vaisseau *san-yang* [7] s'affaiblit vers le haut, le visage se dessèche entièrement, les cheveux commencent à blanchir; à 7^2 ans, le vaisseau *jen* est vide, le vaisseau *t'ai-heng* s'affaiblit et se rapetisse, (l'influence des eaux du) Septentrion est épuisée, la vertu de la terre 地道 n'entre plus en communication, le corps tombe donc en ruine, et (la fille) ne (peut) plus avoir d'enfants. — Pour un homme, à 8 ans, les humeurs de ses reins sont au complet, la chevelure s'allonge, la dentition change;

[1] Texte du *Houang-ti nei king*, chap. 1.

[2] L'expression que je rends par : (*l'influence des eaux du*) *Septentrion* est faite du caractère *Ciel* suivi du caractère cyclique *kouei* : elle désigne l'orient Eau du Nord 北方水之干, considéré comme une émanation du principe céleste 天眞之氣.

[3] Le vaisseau *Jen* préside 主 à (la formation de) l'embryon; le vaisseau *T'ai-heng* est le réservoir (mot à mot «mer») du sang.

[4] Ces dents sont désignées par une expression analogue à la nôtre 眞牙.

[5] 4×7 ans est à mi-chemin entre 2×7 et 7×7, points extrêmes de l'influence du *Tien kouei*.

[6] Le vaisseau *Yang-ming* exerce son influence sur le visage. Il commence au nez.

[7] Le vaisseau *San-yang* se termine à la tête. Les femmes, au cours de la vie, ont excès de souffle 氣 et insuffisance de sang, à cau:e des pertes mensuelles.

à 2 × 8 ans, les humeurs des reins arrivent à la plénitude, (l'influence des eaux du) Septentrion arrive, le sperme 精氣 coule
abondamment, le *yin* et le *yang* sont en harmonie; (l'homme)
peut donc avoir des enfants; à 3 × 8 ans, les humeurs des reins
sont étales, les tendons et les os sont forts et robustes, les dents
de sagesse poussent donc et la taille est au maximum de croissance; à 4 × 8 ans [1], les tendons et les os arrivent à la plénitude de leur force, les chairs sont bien fournies et solides;
à 5 × 8 ans, les humeurs des reins s'affaiblissent, les cheveux
tombent, les dents se dessèchent [2]; à 6 × 8 ans, les humeurs du
yang [3] s'affaiblissent et s'épuisent vers le haut, le visage se
dessèche, les cheveux grisonnent sur le crâne et les tempes;
à 7 × 8 ans, les humeurs du foie [4] s'affaiblissent, les tendons
n'ont plus la force de mouvoir (le corps), (l'influence des eaux du)
Septentrion s'épuise, le sperme 清 diminue, le viscère des reins
s'affaiblit, le corps tout entier est à bout; à 8^2 ans, les dents et les
cheveux tombent [5]. Les reins sont les maîtres 主 de l'eau, ils reçoivent le sperme 清 (l'essence) des cinq viscères supérieurs 藏
et des six viscères inférieurs 府, et ils l'emmagasinent; lorsque
les cinq viscères sont arrivés à la plénitude, (le sperme) peut donc
s'écouler; mais, quand les cinq viscères sont tous affaiblis, les
tendons et les os tombent en dissolution, (l'influence des eaux du)
Septentrion est épuisée, et les cheveux sur le crâne et les tempes
blanchissent, le corps s'alourdit, on ne peut marcher droit, et il
n'est plus (possible) d'avoir des enfants..... Ceux à qui le Ciel
a accordé une longévité extraordinaire, leurs vaisseaux ne cessent
point d'être en communication, leurs reins conservent un excédent

[1] 4 × 8 : mi-temps entre 2 × 8 et 8 × 8.

[2] Les reins président aux os : les dents sont des excédents (excroissances ?) d'os
骨 餘.

[3] Produits du vaisseau *Yang-ming*.

[4] Les humeurs 氣 du foie nourrissent les muscles; celles des reins, les os.

[5] Les humeurs du *yang* sont épuisées.

d'humeurs; mais, bien que (de telles gens puissent alors) avoir des enfants, les hommes ne peuvent absolument pas passer (l'âge de) 8^2 (ans) et les femmes celui 7^2 (ans) sans que le sperme 精 氣 (mot à mot : « l'essence et le souffle ») dû Ciel et de la Terre ne soit entièrement épuisé. » — « Pour un garçon, à 8 mois, les dents poussent; à 8 ans, il change de dents; à 8×2 (16) ans, la vertu du *yang* 陽 道 se répand; à 8^2 (64) ans, la vertu du *yang* s'interrompt. Pour une fille, à 7 mois, les dents poussent; à 7 ans, elle change de dents; à 7×2 (14) ans, la vertu du *yin* se répand; à 7^2 (49) ans, la vertu du *yin* s'interrompt [1]. »

2° *Dans l'ordre social* : « Un garçon se marie à 30 ans, une fille à 20 ans, parce que le nombre du *yang* est l'impair, celui du *yin*, le pair [2]. » — « Un garçon lie son cœur à 25 ans, une fille est fiancée à 15 ans : c'est sous l'influence du *yin* et du *yang*. Le nombre du *yang* est 7, le nombre du *yin*, 8; un garçon (*yang* et évoluant par l'influence du *yin*) change de dentition à 8 ans; une fille à 7; le nombre du *yang* est l'impair (c.-à-d. 3) : $3 \times 8 = 24$, ajoutez $1 = 25$: à 25 ans, un garçon lie son cœur. Le nombre du *yin* est le pair (2) : en doublant 7 (2×7), on obtient 14, ajoutez 1, cela fait 15; donc à 15 ans une fille est fiancée. Dans les deux cas on ajoute 1 pour manifester qu'on lie son cœur spécialement à 1 (seule personne) : on lie son cœur pour endiguer la débauche [3]. » — « 7 ans, c'est *yin*; 8 ans, c'est *yang* : $8 + 7 = 15$: les nombres du *yin* et du *yang* sont au complet : il y a désir d'union (on fiance la fille) [4]. » — « Le *yang* (garçon), quand il est jeune, se parfait par le *yin*; grand, il se parfait par le *yang* : à 20 ans (pair), (un garçon devient) majeur, à 30 (3 dizaines) ans (impair), il se marie. Le *yin*, quand il est jeune, se parfait

---

[1] Commentaire de *Tchang Cheou-tsie* à *Sseu-ma Ts'ien*. Cf. trad. CHAVANNES, t. V, p. 287, note 2.

[2] *Po hou t'ong* « mariage ».

[3] *Ibid.*

[4] *Ibid.*

par le *yang;* grand, il se parfait par le *yin :* une fille, à 15 (impair) ans, est majeure; à 20 ans (pair), elle se marie [1]. » — A 7 ans, on sépare les filles des garçons [2]; à 7 ans (2ᵉ dentition), une fille peut concevoir miraculeusement : elle met son enfant au monde à 15 ans [3]. — Avant 50 ans ($= 7 \times 7$: le changement d'âge ne se faisant que tous les 10 ans. [période complète [4]]), une femme doit coucher régulièrement avec son mari; à 70 ans ($= 8 \times 8$), un mari peut serrer ses objets personnels aux mêmes endroits que sa femme [5]; il est alors spécifiquement vieux [6], prend sa retraite [7], se prépare à la mort [8], et ne peut plus se marier (sauf au cas où il a besoin d'une auxiliaire pour le culte des Ancêtres [9]).

On le voit : faits physiques, dentition, puberté, ménopause, etc., faits sociaux : majorité, fiançailles, mariage, retraite, etc., toute la vie humaine était réglée de façon à montrer que l'homme participait à l'harmonie du Monde révélée par les jeux numériques de ses principes constitutifs, le *yin* et le *yang.* Le travail scientifique arrivait à donner une valeur de lois naturelles à des données de l'expérience commune ou de la pratique sociale, en les intégrant dans un système ordonné de concepts. Les facilités d'explication fournies par le symbolisme arithmétique, qui était le langage scientifique de l'époque, rendaient sans doute

[1] *Ibid.*

[2] Voir *Nei tsö. Li ki,* Couvreur, t. I, p. 673.

[3] Histoire de la naissance de la reine Pao Sseu. *Sseu-ma Ts'ien,* Chavannes, t. I, p. 282-283.

[4] *K'iu li. Li ki,* Couvreur, t. I, p. 9.

[5] *Nei tsö, ibid.,* p. 661.

[6] *K'iu li, ibid.,* p. 9 : à 70 ans, on est «vieux» 老. Il y a aussi un nom pour l'enfant de 70 jours (*Sseu-ma Ts'ien,* Chavannes, t. I, p. 26), 7 décades mènent au 3ᵉ mois.

[7] *Nei tsö, ibid.,* p. 651, et *K'iu li, ibid.,* p. 9.

[8] *Nei tsö, ibid.,* p. 649.

[9] *Tseng tseu wen, ibid.,* p. 418.

ce travail assez aisé; mais, si puéril qu'il puisse paraître, il ne s'est point fait à vide : il a au moins le mérite d'avoir noté et conservé des faits.

C'est un fait, important pour nous à connaître, que le rapport établi par les anciens Chinois entre le temps de la vie active et la durée de la puissance génératrice. A 7 ans [1], commence la séparation des sexes; à 70 ans, elle se termine; à 70 ans, le vieillard

[1] A 7 ans, bien que, en théorie, ce devrait être, pour les garçons, à 8 ans : mais la théorie (profitant, au reste, de l'observation que les garçons sont en retard sur les filles) n'a pas voulu enregistrer le-fait à la lettre. La deuxième dentition (première manifestation de la sexualité [voir plus haut, p. 10, note 3]) s'écrit à l'aide d'un caractère 齔 composé du signe «dents» et du signe «7». Le caractère imaginé pour la dentition de 8 ans, particulière aux mâles, est, au contraire, un caractère artificiel 齠. Il y a, du reste, un nom commun aux enfants de moins de 7 ans : 悼 (*K'iu li. Li ki*, Couvreur, t. I, p. 9). — L'âge de 7 ans est le début d'une période de 3 ans, qui finit à 10 ans, et qui est un stage préparatoire à la sortie du gynécée, *comparable, d'une part, au stage précédant la mort*, qui va *de 70 à 100 ans* [10^2 terme théorique de la vie, qui s'écoule en 10 périodes de 10 ans (cf. *K'iu li, l, c.*) : 10 et 100 correspondant à des durées totales, décomposables en deux périodes inégales de coefficients 7 et 3 — ainsi, un jeûne dure 10 jours, 7 jours pour le jeûne du début, 3 jours pour le jeûne terminal, qui est plus dur : cf. *Li ki, ibid.*, t. I, p. 560, — 3 étant le coefficient des durées totales spécialement affectées à des stages, stages divers du deuil, de la naissance, du mariage. Si la période de coefficient 10 se termine par une période de coefficient 3, c'est aussi une période de coefficient 3 qui l'ouvre, $10 = 7 + 3$ ou $3 + 7$, la période médiane (4) étant rattachée ($4 + 3 = 7$) *soit* à la période liminaire (3), *soit* à la période terminale (3) : $10 = (3 + 4) + 3$ et $3 + (4 + 3)$. Ainsi, les dates critiques de la vie masculine, 30 et 70, divisent cette vie en 3 périodes : stage d'entrée dans la société des vivants (3), stage de sortie (3) — le terme théorique de la vie étant 10^2, — période médiane (4). De même pour l'enfance (10 premières années) et la gestation (10 mois)], *comparable, d'autre part, au stage de l'embryon avant la naissance qui s'étend du 7ᵉ au 10ᵉ mois* [période de retraite de l'accouchée et d'*éducation* du fœtus (cf. *Nei tsö, ibid.*, p. 662 : Couvreur écrit par erreur «au dernier mois», il faut lire «au 7ᵉ mois»; cf. *Ta Tai Li ki*, chap. 48]. — La merveille est qu'après avoir substitué 8 ans à 7 ans, la théorie ait pu retrouver le nombre 70 : elle y est arrivée en égalant 8^2 à 70 en raison du principe qu'une période de 10 ans formant un tout, le changement qui doit se produire à 64 ans ne se produit qu'à 70, au changement de catégorie d'âge (de même la ménopause qui doit se produire à 7^2 ans ne fait effet qu'à 50 ans).

est libéré des dures observances du deuil [1]; jusqu'à 7 ans, un enfant, s'il meurt, est pleuré, mais on ne porte point de deuil pour lui [2]. A 70 ans, le vieillard prend sa retraite et se prépare à la mort [3] (à 7 mois, le fœtus est formé et se prépare à naître); à 7 ans, le garçon se prépare à entrer dans la vie commune des écoles [4]. Avant 7 ans, après 70 ans — de même que dans la mort [5] — il n'y a point de différenciation sexuelle. La vie active — la vie, car, jusqu'à 7 ans, on ne fait qu'y entrer et, après 70 ans, qu'en sortir [6] — s'étend des premières aux dernières manifestations de la puissance génératrice.

Où est la source de cette puissance génératrice ? D'où vient la vie ?

La fécondité, d'après le *Houang-ti nei king*, est déterminée par l'arrivée du 天癸 *kouei* céleste qui est considéré comme une émanation 氣 du principe céleste, correspondant à l'orient Nord qui est eau. « Le caractère *kouei* 癸 représente graphiquement, dit le *Chouo wen*, l'image des eaux qui, de quatre directions, coulent et entrent dans l'intérieur de la terre 象水從四方流入地中之彡. » Phonétiquement, le mot évoque l'idée de mensura-

[1] *Nei tsö, ibid.*, p. 651.
[2] *Yi li*, Deuil, STEELE, t. II, p. 27.
[3] *Nei tsö, ibid.*, p. 649.
[4] *Ibid.*, p. 673.
[5] Un mari et sa femme, durant la vie conjugale, ont chacun leur natte pour dormir ou manger (*Yi li*, Mariage, STEELE, t. I, p. 24-26). Morts, on leur fait des offrandes communes et pour eux deux on ne dispose qu'un seul escabeau. *Tsi t'ong. Li ki*, COUVREUR, t. II, p. 334. Comparer GRANET, *Chansons anciennes*, XLIII, p. 77 : « Vivants, nos chambres sont distinctes; morts, commun sera le tombeau ! », et *Coutumes matrimoniales*, T'oung pao, t. XIII, p. 546.
[6] Un vieillard et un enfant de moins de 7 ans ne tombent pas sous le coup des lois pénales. (*K'iu li, ibid.*, p. 9) : Tous deux ont droit à une alimentation particulière (aliments sucrés, tendres, succulents) [cf. *Nei tsö, ibid.*, p. 627, 655 et suiv.].

— 13 —

tion 揆 : « en hiver, les eaux (glacées) et la terre étant planes, on
peut faire des mesures ». *Kouei* est un caractère cyclique, le dernier
du cycle dénaire ; il est habituellement associé au caractère précé-
dent *jen* 壬, qui, d'après le même texte, figure un embryon et
équivaut phonétiquement au mot « gestation » 妊 [1]. *Jen*, dit-on
encore, est la station du Nord, point où le *yin* est à l'apogée et où
naît le *yang* 位 北 方 也、会 極 易 生、 *Jen* et *kouei* associés correspondent à tout l'hiver et au quadrant Nord ; dans une rose à
24 vents [2] (correspondant à une division d'une année de
360 jours en 24 demi-mois de 15 jours), le caractère *tseu* 子
« enfant, semence » [3] (qui appartient au cycle duodénaire) est
orienté au plein Nord encadré à l'Ouest par *jen*, à l'Est par *kouei*.
Tout le Nord est eau ; *kouei* semble spécialement désigner une eau
souterraine située un peu à l'Est du plein Nord.

Dans les terres classiques de la Chine du Nord, l'hiver est une
saison sèche : il ne pleut point ; les sources tarissent ou faiblissent ;

[1] *Jen* est aussi rapproché de 任 qui a le sens général de « porter », mais à qui
l'on donne d'ordinaire, dans ce cas, la valeur de 妊 « porter un enfant, gestation ».

[2] Telle qu'elle est décrite au chapitre *T'ien wen* de *Houai-nan Tseu* [tous les
caractères du cycle duodénaire sont utilisés — 4 d'entre eux marquant les directions cardinales — ; les 4 directions d'angle (N.-E., S.-E., S.-W., N.-W.) sont
caractérisées par des noms spéciaux ; les 8 autres orients sont marqués par 8 caractères du cycle dénaire : (les 2 caractères restants formant un groupe réservé au
centre — et aux jours non compris dans les 360 qui forment la période centrale
de l'année placée après le dernier mois de l'été : cf. *Yue ling*. *Li ki*, Couvreur,
t. I, p. 371.) Ces 8 caractères, groupés par 2, encadrent, dans cette disposition,
les 4 directions cardinales. Ces groupes de 2, dans le système du *Yue ling*, correspondent chacun à un quart d'orient et à une saison pleine — et à une planète :
jen-kouei = Mercure, planète de l'eau et du Nord. Cf. *Sseu-ma Ts'ien*, t. III,
p. 379].

[3] *Sseu-ma Ts'ien*, chapitre des Tuyaux sonores (Chavannes, t. III, p. 305),
explique phonétiquement *Tseu* par 滋 « se multiplier », *kouei* par « mesurer », *jen*
par 任 « porter ». M. Chavannes considère ces explications comme de simples jeux
de mots : jeux de mots, si l'on veut, mais qui correspondent à des associations
d'idées traditionnelles ; on va voir que ce n'est point un simple effet de l'imagination systématique, si le Nord-hiver est le lieu d'origine des puissances vivi-
fiantes.

3.

l'eau disparaît sous la glace[1] : et pourtant l'hiver est la saison consacrée à l'eau[2]. Quand, avec les dernières pluies de l'automne, ont cessé les derniers travaux des champs, les hommes vont se calfeutrer dans leurs maisons, mais non point sans avoir, dans la grande fête des récoltes, donné, pour la morte-saison, congé aux choses fatiguées d'avoir servi[3] : ils inaugurent la saison sèche dans une invocation solennelle en invitant «l'eau à se retirer dans ses conduits». Ils l'enferment ainsi dans son refuge habituel[4], comme ils s'enferment eux-mêmes dans le village natal, et, tant qu'elle séjourne en ce lieu de repos, ils pensent qu'elle rénove ses vertus particulières. L'hiver est une saison de vie retirée où les choses, retournées à leurs demeures originelles, se préparent à un effort nouveau, et surtout l'eau qui, rajeunie, devra, au printemps, fertiliser les champs. L'hiver, saison sèche, est consacré à l'eau parce qu'il est le temps où elle fait retraite et reconstitue ses énergies latentes.

[1] La sécheresse de l'hiver est bien notée dans les dictons agricoles recueillis dans le *Yue ling* (*Li ki*, Couvreur, t. I, p. 330-410) et dont la plupart servirent d'emblèmes aux 24 demi-mois (cf. *Fêtes anciennes*, p. 53 et suiv.) : «(après l'équinoxe d'automne, 8° mois), l'eau commence à disparaître des chemins (*Yue ling, loc. cit.*, p. 382) ..... (9° mois), la gelée blanche commence à se former (*ibid.*, p. 386) ..... (10° mois, le premier de l'hiver), l'eau commence à se glacer, la terre commence à se geler, le faisan plonge dans la grande rivière (la *Houai*) et se transforme en huître; l'arc-en-ciel se cache et ne paraît plus (*ibid.*, p. 391) ..... (11° mois : solstice), la glace devient plus épaisse (*ibid.*, p. 398) ..... *les sources d'eaux s'émeuvent* (*ibid.*, p. 403) ..... (1ᵉʳ mois), le vent d'Est amène le dégel (*ibid.*, p. 332) ..... (2° mois : équinoxe), la pluie commence à tomber (*ibid.*, p. 340).»

[2] Au 11° mois (solstice), on sacrifie «aux quatre mers, aux grands fleuves, aux sources célèbres, aux gouffres, aux étangs, aux puits, aux sources (*Yue ling*, *ibid.*, p. 401)». *Sseu-ma Ts'ien* signale des sacrifices faits à l'occasion du gel et du dégel (Chavannes, t. III, p. 440-447). Cf. *Pin fong*, t. I. *Che king*, Couvreur, p. 165.

[3] J'ai montré (*Fêtes et chansons anciennes*, p. 184 et suiv.) que la fête de la fin de l'année agricole, *Pa-tcha*, est aussi une fête inaugurale de la morte-saison : en constituant l'hiver, les paysans de la Chine ancienne invitaient toutes les choses de leur monde à prendre, comme eux, leurs quartiers et leurs habitudes d'hiver.

[4] Ils renvoient aussi dans leurs repaires : la terre, les insectes, les plantes, les arbres (*ibid.*, p. 185).

Les images ébauchées, les sentiments conçus dans les anciennes fêtes agraires et saisonnières, où éclatait la solidarité de l'homme et de la nature, sont devenus les éléments des spéculations d'une pensée savante qui veut constituer un système du Monde. Pour cette pensée, l'hiver est le temps de retraite du principe actif, du *yang* : c'est l'époque d'une occlusion universelle où les émanations du Ciel étant remontées dans les hauteurs, celles de la Terre étant descendues dans les profondeurs, le Ciel et la Terre ne communiquent plus [1] : saison morte où le *yin*, principe obscur de vie repliée et latente, enveloppe tout et le *yang* lui-même. «Quand l'activité du *yin* est à son apogée (solstice d'hiver), vers le Nord elle atteint au pôle boréal; vers le Bas, elle atteint aux sources jaunes : aussi ne creuse-t-on plus la terre et ne fore-t-on plus de puits; toutes choses restent enfermées et cachées; les animaux hibernants mettent leurs têtes dans leurs trous [2].» Le *yang*, sous l'enveloppement du principe d'inertie, reconstitue ses forces, et, quand l'influence de celui-ci est précisément au point extrême, le *yang s'émeut* [3] 動, et toutes choses *s'émeuvent* et bourgeonnent

[1] Voir *ibid.*, p. 186, et *Yue ling*, *loc. cit.*, p. 336 et 393 (formule officielle correspondant à l'invocation des *Pa-tcha*).

[2] *Houai-nan Tseu*, chapitre *T'ien wen.* 陰氣極、則北至北極、下至黃泉之下、故不可以鑿地穿井、萬物閉藏蟄蟲穴首．．．陽氣極則南至南極、上至朱天、故不可以夷邱上屋、萬物蕃息、五穀兆長、«...(Au solstice d'été), quand l'activité du *yang* est à son apogée, vers le Sud elle atteint au pôle austral, vers le Haut au ciel rouge (ciel du Sud ou Sud-Ouest), aussi n'aplanit-on point de tertre et ne monte-t-on point sur les toits (voir, en sens contraire, *Yue ling*, *loc. cit.*, p. 364); toutes choses se multiplient; les cinq céréales poussent en abondance.» On notera que le ciel rouge opposé aux sources jaunes est dit être en haut et celles-ci en bas. *Houai-nan Tseu* oppose ailleurs, comme le Bas au Haut, les *troisièmes* sources au *neuvième* ciel (chap. 2) et la terre *jaune* au *neuvième* ciel (chap. 6); la glose dit que la terre jaune est au-dessous des sources jaunes.

[3] Le tube qui correspond au 11ᵉ mois (solstice d'hiver) est dit *Houang-tchong*. *Houang* = «jaune». *Tchong* 鍾 veut dire «réunir», mais évoque aussi, phonétiquement, l'idée de «être ému, remuer» 動 (simple différence de clé dans l'écriture). Le tube sonore *Houang-tchong* est ainsi nommé parce qu'il correspond au temps où

萬物動萌 ; « l'activité du *yang* est alors toute ramassée 陽氣聚 au fond des sources jaunes » ; « elle (s'élance comme en) frappant du talon les sources jaunes et elle en sort [1] ». Aussitôt « les sources d'eau *s'émeuvent* [2] » elles aussi, et, tout de suite encore, « là pie commence à nicher, le faisan quête, la poule couve [3] ». On est aux temps que marquent *tseu* (multiplication), *jen* (gestation), et aussi *kouei*, orient des eaux du Nord, emblème des eaux qui, de quatre côtés, entrent dans la terre [4].

Lorsque, jouant avec des notions générales toutes concrètes encore et bien proches des sentiments et des images éveillés chez les paysans chinois au rytbme des saisons et de la vie agricole, les penseurs voulurent expliquer le rytbme constitutif de la durée, ils imaginèrent que le principe actif du Monde, avant de déployer à nouveau son énergie renouvelée, devait la restaurer par un temps de retraite : le lieu où le *yang*, enveloppé de *yin*, se reposait et reprenait force, ils le placèrent dans les profondeurs — le *yin*, c'est l'obscur et le couvert, — que remplissait l'eau — le *yin* est eau, — vers le Septentrion — le *yin* est Nord.

Mais, ces profondeurs de l'eau septentrionale, d'où ils voyaient jaillir le renouveau [5], s'ils leur firent place dans leur système du

l'activité du *yang*, *réunie* dans les profondeurs des sources *jaunes*, *s'émeut*. Toutes choses alors *s'émeuvent* et bourgeonnent. 鍾動也、陽氣聚黃泉之下、萬物萌動也 (*Po hou t'ong* : chapitre des cinq éléments). Cf. glose à *Houai-nan Tseu*, loc. cit. — Cf. *Ki tchoung Tcheou chou*, chap. 51 : « Le *yang* s'émeut dans les sources jaunes ». Voir encore *Sseu-ma Ts'ien*, t. III, p. 400.

[1] *Sseu-ma Ts'ien*, CHAVANNES, t. III, p. 304.

[2] *Yue ling*, loc. cit., p. 403.

[3] *Ibid.*, p. 405.

[4] *Tcheng K'ang-tch'eng* : *Yue ling*, glose à 壬癸 (1er mois d'hiver) : « (Ces termes désignent le temps de) claustration des choses..., le moment où la gestation de toutes choses se fait dans les profondeurs. »

[5] Voir *Po hou t'ong*, chapitre des cinq éléments : « La place de l'eau est au Nord..., l'activité du *yin*, étant dans les profondeurs des sources jaunes, porte et nourrit toutes choses. » 陰氣在黃泉之下任養萬物. Cf. *Han Wou-ti nei tchouan* : « L'essence sacrée de l'eau est dans les sources du *yin* polaire. » 水神於極陰之泉.

Monde, ils n'en inventèrent — pas plus que de leurs principes cosmogoniques, — ni l'existence ni les attributs : ce furent des croyances traditionnelles qu'ils utilisèrent. Les paysans qui invoquaient l'eau dans la fête des *Pa-tcha* savaient bien dans quelles régions ils l'invitaient à se retirer. Si les savants appellent ce domaine du *yin*, dans les profondeurs du Nord, où est l'eau, *les sources jaunes*, le nom n'est point d'eux : les sources jaunes, ce sont, dans la pensée populaire, le pays des morts et, pour cette même pensée, c'est au pays des morts que se trouvent les sources de la vie.

Un comte de *Tcheng* (722 av. J.-C.) n'était point aimé de sa mère; elle complota contre lui avec son fils préféré; le comte finit par se fâcher, exila la douairière et jura 誓 : «*Avant d'être arrivé aux sources jaunes*, je n'aurai plus d'entrevue avec elle !» Comme, plus tard, il se repentait de son impiété et voulait revoir sa mère, avant la mort, sans violer sa foi, un bon vassal lui affirma que, s'il creusait la terre *jusqu'aux sources*, faisait un tunnel et, là, rencontrait la princesse, nul n'y trouverait à redire [1]. Ainsi, ces sources jaunes, où les savants logeaient le *yang* pendant la morte-saison pour qu'il s'y préparât à renaître, cette contrée de l'eau d'où émanait, croyait-on, le *T'ien kouei* «la puissance génératrice», ces

[1] *Tsouo tchouan, Hi* 1re a Legge, p. 6 (cf. *Sseu-ma Ts'ien*, Chavannes, t. IV, p. 454). Le commentaire se borne à dire : «Ces sources sont jaunes parce qu'elles sont à l'intérieur de la terre» (l'élément terre est jaune : lœss ?). L'absence presque totale de gloses montre que la notion de sources jaunes était d'usage commun : mais, si l'on rencontre assez fréquemment mention de ces sources à titre de logement des principes cosmogoniques, il n'en est, pour ainsi dire, pas parlé dans les textes classiques (pas du tout dans les rituels). Cela tient à ce que l'on a appelé le positivisme de la pensée chinoise. Si la formule célèbre de Confucius : «Toi qui ne sais rien de la vie, que (peux-tu) savoir de la mort?» n'a point la valeur absolue qu'on lui prête — c'est un fait que le philosophe évitait de parler des choses de l'autre monde; il pensait que l'homme doit se tenir à distance des *chen* et des *kouei* et blâmait les gens de l'époque des *Yin* qui s'étaient montrés trop familiers avec eux. Un sage ne doit pas plus parler des choses divines qu'il ne doit montrer du doigt les lieux où sont les dieux.

sources que l'imagination populaire ne plaçait point si loin que
ne fit la pensée théorique, point si loin qu'on ne pût, sans trop
violer un serment, leur substituer un tunnel creusé de main
d'homme, elles étaient le lieu souterrain où s'en vont les morts :
telles étaient au moins les croyances, au vıııe siècle avant notre ère,
dans le pays de *Tcheng*.

Tcheng, petit pays coupé de collines, est, de tous les pays de
l'ancienne Chine, celui où les traditions populaires se sont le
mieux conservées [1] : si nous trouvons dans ses annales la mention des sources jaunes où hantent les morts, nous savons, d'autre
part, qu'en un lieu consacré de la région, les jeunes garçons et les
jeunes filles, au moment du dégel, *quand s'éveillent les sources*,
venaient, à l'aide des premières fleurs poussées dans les coins
humides, rappeler les âmes *sur les eaux*. Les jeunes gens échan-
geaient, comme des bouquets d'accordailles, mais aussi comme
des gages de fécondité [2], ces fleurs dont le parfum amenait à eux
des âmes — fleurs écloses dans le lieu saint aux premiers jours
du renouveau. Quand les savants nous racontent que le *yang*,
après une retraite aux pays souterrains du Nord, renaît pour fé-
conder toutes choses et éveille les sources avec la vie, ne devons-
nous pas, à cet écho des croyances anciennes, entendre la pensée
de jadis : savoir qu'aux temps propices des fêtes du printemps et
des fiançailles, des âmes, au terme de leur séjour au pays des
morts, s'échappaient des sources jaunes, flottant sur les eaux des
fontaines sacrées, prêtes à s'incarner pour une vie nouvelle [3] ?

[1] Voir *Fêtes et chansons anciennes*, p. 156, 160, 200-202.

[2] Cf. *ibid.*, p. 104-108, 155-157 et 200-202. Sseu-ma Ts'ien (CHAVANNES,
t. III, p. 400) indique la liaison entre le réveil des sources et l'apparition des
orchidées (au solstice d'hiver).

[3] Voir, pour des croyances tibétaines analogues, *Grenard* dans DUTREUIL DE
RHINS, *Mission scientifique en Haute-Asie*, partie II, p. 401-403. (Cf. *Fêtes et chansons anciennes*, p. 281.) Comparer les pratiques modernes qui consistent à recueillir les *kouei* 收鬼 en faisant flotter sur les rivières des lumières piquées dans des
écorces de fruits d'eau ou des fleurs de lotus : ces fêtes ont de nos jours une cou-

Si le *yang* des philosophes est logé, par eux, pendant sa rétraite annuelle, dans un refuge analogue à celui que l'imagination commune prêtait aux âmes attendant une réincarnation, les principales caractéristiques des sources jaunes doivent pouvoir s'expliquer par les pratiques relatives aux morts.

Les sources jaunes sont dans les pays du Nord. Or la mort détermine un renversement de toutes les valeurs qui implique un changement d'orientation : pendant la période de l'enterrement provisoire, le mort est couché la tête au Sud, comme un vivant; mais, quand on l'enterre définitivement, on le place la tête au Nord, du côté de l'ombre où il s'en va [1] : c'est en se tournant vers le Nord que, le souffle expiré, on a rappelé le *Houen* enfui, pour bien constater que la dissolution de la personnalité est définitive [2]. Aux temps classiques [3], le mort est enterré au Nord des villes : là, sont les cimetières où l'on réunit les corps des ancêtres. Ainsi, quand il quitte le monde des vivants, dominé par une orientation nouvelle, le mort s'en va du côté du Septentrion.

En même temps son corps fait retour à la terre : «Que la chair

leur bouddhique (voir, par exemple, WIEGER, *Morale et usages*, p. 385; DE GROOT, *Fêtes annuellement célébrées à Emouy*, t. II, p. 421, 443, note 2). — Il y a sans doute un rapport entre les pratiques de réincarnation des âmes sur les eaux à l'aide de plantes d'eau, et les pratiques du culte des ancêtres (où les femmes sont spécialement chargées d'offrandes végétales, tirées de plantes aquatiques) — tout spécialement, les pratiques de l'offrande faite, trois mois après les noces, par l'épousée arrivée au terme de la retraite nuptiale. Cf. GRANET, *Coutumes matrimoniales* : T'oung pao, t. XIII, p. 553 et suiv.; et *Fêtes et chansons anciennes*, LIV, LIX et LXVII B. — On trouvera un ensemble de preuves de l'existence dans la vieille Chine de la croyance à la réincarnation et à un cycle de morts et de renaissances dans un article que publiera la *Revue archéologique* (1921) sur «Le dépôt de l'enfant sur le sol».

[1] Cf. *T'an kong. Li ki*, COUVREUR, t. I, p. 203, gloses de *Tcheng* et de *K'ong Ying-ta*.

[2] *Ibid.*, p. 201. La philosophie admet que l'homme a deux âmes, le *Houen* et le *P'o*, dont la séparation produit la mort. Le *Houen*, l'âme-souffle part la première.

[3] Il y a quelques traces de l'usage d'un enterrement définitif dans l'enclos domestique. Voir «Le dépôt de l'enfant sur le sol».

et les os retournent à nouveau à la terre!», criait-on au moment du deuxième enterrement [1], quand on se décidait à mettre le corps dans une fosse *profonde* [2]. Le corps, qu'on scelle 封 alors dans la terre et qu'on enclôt définitivement dans cette demeure en faisant trois fois le tour de la tombe, doit être enseveli aussi bas que possible, mais sans atteindre pourtant aux *sources d'eau* 不至于泉 [3]. Atteindre à ces sources est un idéal que se permet seul un orgueil démesuré : *Ts'in Che-houang-ti*, quand il fit construire le tombeau colossal où il fut enterré (en 209 av. J.-C.), le fit creuser par d'innombrables ouvriers jusqu'aux *troisièmes sources* 穿三泉 [4]. Mais, s'il y a trop de superbe à procéder ainsi, s'il est sacrilège d'ouvrir trop profondément la terre [5] et de vouloir introduire tout droit le corps du défunt au pays des morts, c'est bien jusqu'aux *sources profondes* 達於淵泉 que l'on veut faire pénétrer les libations offertes dans les cérémonies du culte ancestral [6].

[1]. Cf. *T'an kong*, *ibid.*, p. 246 : enterrement définitif : moment où s'opère définitivement la dissolution de la personnalité et où l'on distrait le *Houen* à tout jamais du corps.

[2]. Cf. *ibid.*

[3]. Cf. *ibid.* Témoignage de modération rituelle.

[4]. Cf. *Sseu-ma Ts'ien*, Chavannes, t. II, p. 194. Cf. t. III, p. 715. M. Chavannes a d'abord traduit : «jusqu'à l'eau», puis rectifié par «très profondément». Il faut comprendre plus littéralement, comme le montre la comparaison : 1° avec la citation du *T'an kong* faite précédemment, 2° avec le texte de *Houai-nan Tseu* cité p. 15, n. 2, qui identifie les *troisièmes* sources aux sources jaunes. Trois (nombre total) indique que ces sources sont au plus bas de l'univers ; de même (voir même note), le neuvième (3²) ciel est au plus haut de l'univers. L'expression «neuvièmes sources» comme celle de «sources jaunes» s'emploie littérairement pour désigner la tombe.

[5]. C'est un présage funeste, un miracle néfaste que la terre s'entr'ouvre jusqu'aux sources (cf. *Sseu-ma Ts'ien*, *ibid.*, t. V, p. 273, note 2). (Il ne faut pas que les demeures du ciel et de la terre restent ouvertes en hiver : cf. *Yue ling. Li ki*, Couvreur, t. I, p. 399.) (En hiver, saison de l'eau, il est défendu non seulement de creuser profondément, mais même d'entamer le moindre forage. Cf. plus haut, p. 15, le texte de la note 2.)

[6]. Voir *Kiao t'ö cheng. Li ki*, Couvreur, t. I, p. 612. Cf. *Tsi yi, ibid.*, t. II,

Orientés vers le Septentrion, enterrés profondément, nourris
de libations filtrant à travers la terre, rassemblés dans des cimetières au Nord des villes, les morts devaient habiter en des souterrains remplis d'eau qu'avec un respect croissant et une vue plus
large du monde l'on recula jusqu'au pôle. L'habitude des vivants
de tourner le dos aux pays des ombres (l'orientation normale face
au Sud) fit naître l'idée que le Sud était en haut et le Nord en
bas [1] : les régions boréales furent imaginées sous l'aspect d'un
vaste souterrain par où les eaux, convergeant des quatre directions,
pénétraient à l'intérieur de la terre [2]. Là fut placé le pays des
morts et, plus tard, la demeure du *yin* et le lieu de retraite du
yang, enveloppé par le principe adverse et prêt à renaître; de là
émana la puissance génératrice qui donne et constitue la vie, le
Tien-kouei [3], que l'on imagina participant de l'essence de l'eau.
Puisqu'un sujet doit se tourner vers le Nord [4], le Septentrion
était prédisposé à devenir le siège des puissances qui commandent
le respect et la crainte : s'il y a apparence qu'au viiie siècle
avant J.-C. les gens de *Tcheng* ne plaçaient point au dehors
des limites de leurs pays les sources jaunes où habitent un temps
les âmes, vers la même époque, à la cour royale, régnait l'idée
que résident au Nord ceux à qui l'on doit s'adresser pour donner
force à une imprécation. « Je [5] prendrai ces calomniateurs, je les
jetterai aux loups et aux tigres [6] ! Si tigres ni loups ne les dé-

p. 291 : Les libations s'adressent au *P'o*, âme du corps; le parfum des offrandes
brûlées est pour le *Houen*.

[1] Voir le texte de *Houai-nan Tseu*, p. 15, note 2. Les Chinois, dans une disposition graphique des orients, placent le Sud en haut, le Nord en bas.

[2] Cf. l'explication graphique de *Kouei*.

[3] Dans la langue moderne, *Tien kouei* a encore le sens de «menstrues».

[4] Le maître, face au Sud, est au *Nord* du vassal.

[5] Le texte (*Che king. Siao ya*, Couvreur, p. 258) est rapporté à un eunuque
vivant aux temps du roi *Yeou* des *Tcheou* (782-771 av. J.-C.).

[6] Les tigres sont des animaux du Nord : «Les tigres commencent à s'accou-
pler» est un terme calendérique du 11e mois (solstice d'hiver). Cf. *Yue ling. Li ki*,
Couvreur, t. I, p. 398. Le loup commence à tuer à la fin de l'automne, *ibid.*, p. 385,

vorent, je les jetterai aux Maîtres du Nord [1]. Si les Maîtres du Nord ne les prennent point, je les jetterai aux Maîtres des (régions) Augustes [2] (du Ciel) [3] ! »

Avant l'essor que prirent, dans les cours royales, les cultes astronomiques, avant que les aïeux héroïques, réunis à la cour céleste du Souverain d'En-haut, n'en revinssent, comme envoyés du Ciel, pour assurer les réincarnations [4], les morts séjournaient sous terre, aux sources jaunes, non loin des fontaines sacrées du pays natal où l'on allait, au renouveau, recueillir les âmes. Pays des morts et réservoir de vie, telles apparaissent, dans les croyances anciennes, ces sources mystérieuses dont on ne parlait guère, — avant que ne leur eussent fait place, dans leur système du Monde, les penseurs qui, à l'aide du jeu des nombres et des entités cosmogoniques, s'appliquèrent à démontrer l'unité de l'univers et le rythme de la durée, primitivement sentis sous des symboles plus concrets.

Marcel GRANET.

---

[1] Glose de *K'ong Ying-ta* : Le Nord est la région du *Grand Yin*. L'expression 有 indique « la possession, le pouvoir » ; suivie d'un nom de pays, elle sert à désigner le maître du lieu.

[2] 有昊 désigne les puissances célestes : le Ciel n'est point nommé, mais indiqué par une de ses épithètes les plus courantes.

[3]

取 彼 譖 人、投 畀 豺 虎、
豺 虎 不 食、投 畀 有 北、
有 北 不 受、投 畀 有 昊、

Ce texte rapproche de façon remarquable les puissances du Nord des puissances du Ciel, qui apparaissent comme plus lointaines encore et logées dans la même direction Nord. Le siège du Souverain d'En-haut est en effet le pôle céleste du Nord (la Grande-Ourse) : là aussi est un pays des morts, tout au moins des morts glorieux que célèbre un culte princier. Mais ceci est un autre problème.

[4] Voir le récit d'une réincarnation, *au pays de Tcheng*, faite selon des procédés antiques (don d'une orchidée), mais opérée par un aïeul qui apparaît sous l'aspect d'un envoyé du Ciel 天使, à la page 201 des *Fêtes et chansons*. L'anecdote est datée de l'année 649 av. J.-C. — Sur l'association d'idées : solstice d'hiver, réveil des sources, apparition des orchidées, voir *Sseu-ma Ts'ien*, Chavannes, t. III, p. 400.

RAPPORT SUR L'EXERCICE 1919-1920.

1° HISTOIRE DE LA SECTION.

Par arrêté ministériel du 9 octobre 1919, M. Israël Lévi, directeur d'études pour le *Judaïsme talmudique et rabbinique*, a été mis, sur sa demande, en congé du 1ᵉʳ octobre 1919 au 1ᵉʳ octobre 1920. Par arrêté ministériel du 25 novembre 1919, M. Maurice Liber, élève titulaire de l'École, a été chargé de suppléer M. Israël Lévi, pendant la durée de son congé, dans la direction de sa conférence.

M. Foucher, directeur d'études pour les *Religions de l'Inde*, à qui avait été confiée une mission scientifique dans l'Hindoustan, a prolongé son séjour dans ce pays pendant toute l'année scolaire 1919-1920; il ne doit revenir en France qu'en 1921. Par arrêté ministériel du 17 mai 1920, M. Paul Masson-Oursel a été chargé d'une conférence temporaire sur les *Religions de l'Inde*, pendant la durée de l'absence de M. Foucher.

M. Sylvain Lévi, directeur d'études pour les *Religions de l'Inde*, a passé toute l'année scolaire 1919-1920 à l'Université de Strasbourg, où il a organisé l'enseignement des langues, littératures et religions de l'Inde.

M. G. Millet, directeur d'études pour le *Christianisme byzantin et l'Archéologie chrétienne*, a été chargé en 1920 d'une nouvelle mission archéologique en Macédoine, principalement au Mont Athos.

M. Granet, directeur d'études pour les *Religions de l'Extrême-Orient*, a soutenu ses thèses de doctorat ès lettres en Sorbonne. L'une de ces thèses, intitulée *Fêtes et chansons anciennes de la Chine*, a été publiée dans la *Bibliothèque de l'École des Hautes Études, Section des Sciences religieuses*, dont elle forme le XXXIVᵉ volume. La *Bibliothèque* s'est encore augmentée du 2ᵉ fascicule du tome XXXI, *Les cultes païens dans l'Empire romain*, 1ʳᵉ partie : les *Provinces latines*, tome III, *Les cultes indigènes nationaux et locaux* (Afrique du Nord, Péninsule ibérique, Gaule), par M. J. Toutain.

L'Académie des Inscriptions et Belles-Lettres a décerné à M. G. Millet le prix Fould pour son ouvrage sur l'*Ancien art Serbe;* et à M. M. Granet le prix Stanislas Julien pour son livre : *Fêtes et chansons anciennes de la Chine.*

M. Clément Huart, directeur d'études pour l'*Islamisme et les Religions de l'Arabie*, a été promu officier de la Légion d'Honneur.

MM. H. Hubert, directeur d'études pour les *Religions primitives de l'Europe*, et G. Millet, directeur d'études pour le *Christianisme byzantin et l'Archéologie chrétienne*, ont été nommés chevaliers de la Légion d'honneur.

M. Marcel Granet, directeur d'études pour les *Religions d'Extrême-Orient*, a été nommé chargé de cours à la Faculté des Lettres de l'Université de Paris.

M. Ed. Dujardin, diplômé de l'École, a continué pendant l'année scolaire 1919-1920 sa conférence temporaire sur des *Questions relatives aux Églises chrétiennes du Iᵉʳ siècle.*

Par arrêté ministériel du 3 mars 1920, 13 auditeurs ou auditrices ont été nommés élèves titulaires de la Section.

Pendant l'année scolaire 1919-1920, il a été tenu 34 conférences d'une heure par semaine, pour lesquelles se sont fait inscrire 140 élèves titulaires ou auditeurs. Ce total se décompose ainsi par nationalités : 110 Français, 7 Suisses, 4 Russes, 3 Tchéquo-Slovaques, 2 Polonais, 1 Américain (États-Unis), 1 Argentin, 1 Arménien, 1 Danois, 1 Écossais, 1 Grec, 1 Hollandais, 1 Irlandais, 1 Palestinien, 1 Roumain, 1 Suédois, 1 Tunisien, 1 Turc, 1 Yougo-Slave.

Pendant l'année scolaire 1919-1920, le titre d'élève diplômé de la Section a été décerné à M. Ed. Krakowski, pour sa thèse intitulée : *Un mysticisme de la Beauté : Plotin. — Rapports entre ses conceptions religieuses et ses conceptions artistiques. Influence de celles-ci sur l'apologétique de saint Augustin.*

La Bibliothèque du Congrès de Washington a continué, pendant l'année scolaire 1919-1920, à nous envoyer les fiches de son Catalogue imprimé relatives à l'Histoire des Religions.

Le 9 juillet 1920, M. le Président de la République a signé un décret, pris en application de la loi du 6 octobre 1919 et fixant les traitements applicables, à partir du 1ᵉʳ juillet 1919, au personnel scientifique de l'École pratique des Hautes Études.

Voici la teneur de ce décret en ce qui concerne à la fois la 4ᵉ et la 5ᵉ section (Sciences philologiques et historiques; — Sciences religieuses).

Le Président de la République française,

Sur le rapport du Ministre de l'Instruction publique et des Beaux-Arts et du Ministre des Finances;

Vu l'article 55 de la loi de finances du 25 février 1901;

Vu le décret du 31 juillet 1868 relatif à la création d'une École pratique des Hautes Études;

Vu le décret du 30 janvier 1886, constituant une 5ᵉ section à l'École pratique des Hautes Études;

Vu les lois des 6 et 18 octobre 1919,

DÉCRÈTE :

ARTICLE PREMIER. — Les traitements du personnel scientifique de l'École pratique des Hautes Études sont fixés ainsi qu'il suit à dater du 1ᵉʳ juillet 1919 :

4ᵉ SECTION. — *Sciences philologiques et historiques.*
5ᵉ SECTION. — *Sciences religieuses.*

Préciput des Présidents de section...................	3,000 francs.
Indemnité des Secrétaires........................	3,500
Directeurs d'études et maîtres de conférences.... 6,000 à	11,000

ARTICLE 2. — L'attribution à chaque membre du personnel scientifique de l'École pratique des Hautes Études des traitements ci-dessus sera faite par arrêté ministériel.

ARTICLE 3. — Les traitements fixés par l'article 1ᵉʳ sont exclusifs de toute gratification.

Aucune indemnité ou avantage accessoire, de quelque nature que ce soit, ne peut être attribué au personnel scientifique de l'École pratique des Hautes Études que dans les limites et conditions fixées par un décret réglementaire contresigné par le Ministre des Finances et publié au *Journal officiel.*

ARTICLE 4. — Les conférences temporaires qui pourraient être organisées dans l'une ou l'autre des sections, dans les limites des crédits disponibles, seront rétribuées au moyen d'indemnités forfaitaires annuelles dont le montant, fixé par le Ministre de l'Instruction publique, suivant la durée de la conférence, ne pourra en aucun cas dépasser...11,000 francs dans les 4ᵉ et 5ᵉ Sections.

ARTICLE 5. — Le Ministre de l'Instruction publique et des Beaux-Arts et le Ministre des Finances sont chargés, chacun en ce qui le concerne, de l'exécution du présent décret qui sera publié au *Journal officiel.*

Fait à Rambouillet, le 9 juillet 1920.
Signé : Paul Deschanel.

Par le Président de la République :

Le Ministre de l'Instruction publique et des Beaux-Arts, Signé : André Honnorat.	*Le Ministre des Finances,* Signé : F. François-Marsal.

Pour ampliation :

Le Directeur de l'Enseignement supérieur,
Signé : A. Coville.

Il a été fondé, pendant l'année scolaire 1919-1920, une *Association amicale du personnel enseignant de la 4ᵉ et de la 5ᵉ Section de l'École pratique des Hautes Études*. La plupart des Directeurs d'études de la Section des Sciences religieuses ont adhéré à cette association et en font partie.

2° COMPTE RENDU DES CONFÉRENCES.

I

RELIGIONS DES PEUPLES NON CIVILISÉS.

Directeur d'études : M. M. Mauss, agrégé de l'Université.

Conférence du Lundi. — Le Cours a consisté essentiellement à introduire dans l'Enseignement donné sur le même sujet en 1913-1914 les nouveaux documents apportés par Sir Baldwin Spencer et par M. Stuhler.

Conférence du Mardi. — Le travail d'analyse des documents fort importants de M. Thurnwald sur la tribu de Buiss a permis d'établir que ces tribus mélanésiennes ont un ensemble d'institutions comparable au *potlatels* du N. W. Américain.

Ont participé activement à l'explication : MM. Lenoir, Chaillié, Mac Sweeney, M. le Prof. Ehrlich, M. Brink van Bakhuyzen.

Nombre des inscrits : 12.

Élèves titulaires : MM. Chaillié, Lenoir, Roustain.

Auditeurs réguliers : MM. Brink van Bakhuyzen, Ehrlich, Hanin, Mac Sweeney, Poupon, Thomas.

II

RELIGIONS DE L'AMÉRIQUE PRÉCOLOMBIENNE.

Directeur d'études : M. G. Raynaud.

Pendant l'année 1919-1920, le Directeur d'études a étudié les sujets suivants :

Codex Dresdensis. — La même fréquente incompétence et la même solide organisation hors d'Allemagne de la réclame pour les travaux scientifiques ou pseudo-scientifiques allemands, qui ont fait naguère sacrer chez nous un Berlinois «Champollion de l'écriture mexicaine» bien que depuis plus d'un demi-siècle Aubin ait été le Champollion non d'une écriture inexistante mais des graphies de noms propres, ont fait proclamer admirables les brochures successives que publia M. E. Förstemann sur le plus beau des MSS mayas connus, le *Codex Dresdensis*, dont il avait la garde ; il est de règle surtout de s'extasier sur son interprétation de la page 24. Voulant éviter à nos élèves le danger de mauvaises directions, nous avons étudié cette année ledit *Codex* et les travaux de M. Förstemann. Nous allons citer ci-après quelques-uns des points principaux de ce travail négatif... et positif sur ce que j'appellerai le Livre des Bacabs (et en seconde ligne, de Cuculcan). Cet ouvrage contient, comme ceux de Madrid et de Paris, des calculs rituéliques, c'est-à-dire embrassant 3, 2, et, le plus souvent, 1 cycle rituel de 260 jours ; mais il contient aussi de longs calculs ayant pour résultats des nombres dépassant souvent le million de jours et même, dans ce qu'on appelle les nombres-serpents, les douzaines de millions. Ces nombres, très grands, grands et moyens, s'appliquent à des phénomènes astronomiques tels que : années lunaires, lunaisons, révolutions synodiques de Vénus (584 jours) et probablement de Mercure (115 jours), etc. Malgré l'affirmation de M. E. Förstemann, la présence de Mars (780 jours) n'est nullement certaine, car le simple calcul de 3 cycles rituels donne le même nombre 780. M. E. Förstemann a voulu aussi trouver les autres planètes, mais qu'il leur donne pour hiéroglyphes soit des signes ordinaires, soit des signes «rectangulaires», ses affirmations sont sans preuves et parfois même nettement fausses. Mieux... ou pis, il

considère certain signe comme un «couteau» à découper les révolutions planétaires, notamment celle de Vénus. A la page 10 *a*, la figure d'un dieu et
la présence du jour Ymix parmi les glyphes correspondants lui font trouver
l'écliptique, une lunaison de 28 jours (inconnue des Mayas), un mouvement
nord-sud de la lune, et en outre un In Memoria de la mort en 1502
d'Ahuizotl, empereur (!) de Mexico, et naturellement la date de confection du
MS. Si deux divinités ont le moindre contact, il y découvre des rapports
charnels qui représenteraient d'astrales conjonctions. Lorsqu'il s'agit de
nombres, il est d'une rare intrépidité. Il additionne, soustrait (deux fois de
suite le même nombre s'il le faut), multiplie, divise, incorpore ce qu'il nomme
des Ahans-Katuns ou d'autres périodes; il combine même toutes ces opérations; son arithmétique est enfantine…mais non mathématique car sans
appui dans le *Codex*, sans preuves. Si le MS. le contrarie, il le déclare faux;
certes il y a des erreurs dans le *Dresdensis*, mais vraiment M. Förstemann
exagère. Il attribue à divers signes, surtout de jours ou de mois, des valeurs
variées et fausses qu'il combine souvent avec les nombres affixés à certains
glyphes; ramassant de ci de là ces quantités, en omettant sans autre avis
certaines, il les totalise, puis parfois les multiplie et obtient les résultats rêvés.
Il croit à des périodes inconnues des Mayas : années solaires de 364 jours;
années lunaires de 354 jours, etc.; il ne comprend rien à des petites périodes non sous-multiples de 260 jours et qui sont simplement des multiples
de la triadécatéride. La plupart de ses interprétations de glyphes et de
figures sont fantaisistes; ainsi une torsade féminine de cheveux en ∞ lui
révèle moult choses. Examinons maintenant quelques-unes des pages de
grands calculs, et d'abord la page 24 qu'il a plus mal comprise que les
autres.

C'est le résumé de divers autres grands calculs du MS. Sur ses colonnes
d'hiéroglyphes M. F. a exercé sa fantaisie d'interprétations numériques et
astrales; il a par exemple attribué erronément à trois signes les valeurs 21,
59, 46, 80; les ajoutant ensuite à un quatrième qui semble être un Tun
(360 jours), mais qui peut être un Katun (7,200), il obtient le total 11,960
qui n'existe pas dans les calculs de la page 24, mais que l'on retrouve en
d'autres pages. Il y découvre aussi Mercure, les phases de Vénus et la Petite
Ourse, etc., etc. La partie droite de la page 24 est occupée de bas en haut, en
5 sections, par des nombres; la 4° section, à laquelle M. F. n'a rien compris, est
en dehors d'une progression ayant pour raison la période Vénus-Soleil de
2,920 jours et dont le dernier terme 151,840 fait concorder le cycle rituel
de 260 jours et les siècles de 52 années solaires de 365 jours et de 52 révolutions de Vénus de 584 jours; ce dernier terme et le point de départ

5.

correspondent à des dates I Ahan. Sur les pages 46 à 5o, 260 dates, qui sont groupées de façon à représenter par le menu le détail des phases de Vénus et de la période de 2,920 jours, font retrouver le nombre 151,840; elles se combinent avec trois lignes de mois dont la 2ᵉ est la plus importante et a pour point de départ et pour point d'arrivée la date I Ahan 18 Kayab, qui est de 2,200 jours en arrière de la grande date de départ classique IV Ahau 8 Cumhu de presque toutes les inscriptions. Or, en bas et à gauche de la page 24, trois nombres (2,200, 1,366,560, 1,364,360) sont au-dessus de 3 dates quadrinominales. N'y ayant rien compris, M. Förstemann a attribué à tort le 2ᵉ nombre à la 3ᵉ date et le 3ᵉ nombre à une date sous-entendue, puis s'est longuement escrimé sur le nombre 2,200. Or le 2ᵉ nombre vaut 9 fois le terme final de la progression de droite et est dans le cycle 9, c'est à dire dans le cycle (de 144,000 jours) de l'immense majorité des inscriptions, historiques ou non. Le 3ᵉ nombre est inférieur de 2,200 au 2ᵉ. Le 2ᵉ nombre est le véritable but du long développement des pages 46 à 5o résumées à la page 24, car : 1° il réalise les concordances signalées plus haut, 2° il tombe dans le cycle 9 (c'est le seul réalisant 1°); 3° il a pour points de départ et d'arrivée le I Ahan 18 Kayab des pages 46 à 5o. Nous avons expliqué ci-dessus 2,200; quant au 3ᵉ nombre, c'est simplement le 2ᵉ «réduit», c'est-à-dire ayant le point de départ classique mais ayant même point d'arrivée que le second. Ces considérations expliquent aussi les nombres moyens de la 4ᵉ section, jusqu'ici incomprise, de la partie droite de la page 24; ils permettent entre autres choses de trouver, dans d'autres cycles que le cycle 9, les grands nombres présentant les mêmes qualités que ceux de la page 24.

Page 45 c. — Étude incomplète, avec fantaisies numériques et hiéroglyphiques, par M. F. En outre, ici comme dans les autres chapitres comprenant des Minus (comptes en arrière) et des grands nombres, sa méthode (IV Ahau 8 Cumhu + grand nombre — Minus) est fausse. Divers exemples (cf. p. 24) prouvent que les Mayas voulaient d'abord obtenir telle date d'arrivée à l'aide de tel grand nombre; d'où nécessité de modifier (par recul le plus souvent) le point classique de départ et invention du Minus. La règle est donc IV Ahau 8 Cumhu — Minus + grand nombre; elle seule d'ailleurs explique les dates intermédiaires.

Pages 46 à 5o. — En ces pages où les Mayas s'avèrent excellents observateurs des phases de Vénus, M. F. n'a pas vu que les trois lignes de mois devaient être lues successivement *de bas en haut* et que, comme en bien d'autres passages, il fallait *fermer le circuit*. Il n'a donc pas pu obtenir le total général 151,840 (cf. p. 24), et n'a pas vu qu'entre les dates de départ de la 3ᵉ et de la 2ᵉ ligne, puis de la 2ᵉ et de la 1ʳᵉ, les intervalles étaient 9,360 et 11,960, nombres importants, le 2ᵉ surtout, des pages lunaires 51 à 58.

Pages 51 à 58. — La durée de la lunaison y est calculée à moins de 24 secondes près du chiffre donné en 1900 par nos astronomes. L'examen rapide des groupes de lunaisons, de certaines figures et de certains hiéro-glyphes, me fait *supposer que peut-être les* éclipses de lune (et de soleil) jouent ici un rôle; examen complet renvoyé à 1920-21. M. F. n'a pas vu que le total du petit calendrier de 51 *a* et 52 *a* était 1,820, nombre répété d'ailleurs par des glyphes où M. F. vit de mirifiques choses. (*Peut-être* l'Ymix à superfixe que seul M. F. prend pour un Compte Rond de 18,980 jours est-il, acrologiquement en quelque sorte, le cycle rituel de 260 jours. A étudier); il n'a naturellement pas vu le rôle de ce 1,820 dans les grands nombres ni très bien compris ceux-ci et leurs différences. En 52 *a* une colonne de douze XIII nous fournit *peut-être* le nombre important 21,840 qui joue un rôle dans le calcul des grands nombres et autre part.

Je ne crois pas devoir pour le moment parler des pages contenant les Nombres-Serpents. Ici encore M. F. a très souvent erré. J'ai pu obtenir un certain nombre de résultats sûrs et émettre diverses hypothèses probables, mais je préfère attendre pour être plus complet.

Le Popol Vuh. — En fin d'année scolaire seulement nous avons eu la tra-duction allemande, depuis longtemps promise et publiée en 1913, du Popol Vuh. Bien que nous n'ayons pu en faire qu'un examen rapide, nous pouvons dire qu'elle ne semble guère différer de celle de Brasseur. La traduction des noms propres, chose si importante, est ou la même ou plus mauvaise, ce qui rend d'autant plus superflu le pompeux appareil d'une orthographe «phonétique» de ces noms, car : 1° l'orthographe du MS. et celle de l'édi-tion Brasseur n'ont rien de scientifique; 2° celle des vocabulaires quichés imprimés ou manuscrits est de même. On a en outre moins aisément l'idée de certaines corrections, comme par exemple celles de *k* en *tz* ou de *c* en *ç* que je fis pour Bakiyalo et Pucbal.

Nous reviendrons l'an prochain sur cette traduction et ses «éclaircisse-ments».

Les ruines de l'Amérique centrale. — 1° Certains des motifs principaux de la décoration architecturale maya, tels que le Dragon à deux têtes, la Ba-guette d'Office, le Mannequin et surtout le Serpent, ont été étudiés.

2° L'évolution de l'architecture et de la sculpture a été étudiée.

L'influence des idées religieuses sur la sculpture a été examinée.

3ᵉ Certains détails de Copan ont retenu l'attention.

M. Stern a pris une part active à cette partie des recherches.

La Magie. — Les ouvrages de Ponce, d'Aguilar et partiellement de La Serna ont été examinés, avec la collaboration de Mˡˡᵉ Croissant.

M. Zeitlin a comparé certaines tombes calchiquis avec des tombes péruviennes.

Nombre des inscrits : 4.

Élèves diplômés : M. Maurice Zeitlin ; Mˡˡᵉ Croissant.

Élève titulaire : M. Stern.

Auditeur régulier : M. Thomas.

III

RELIGIONS DE L'EXTRÊME-ORIENT.

Directeur d'études : M. M. Granet, chargé de cours
à la Faculté des lettres de l'Université de Paris.

Dans sa première conférence, le Directeur d'études a expliqué ce que l'on peut connaître des usages chinois anciens relatifs à la naissance, l'enfance et la majorité. M. Thomas, surtout Mˡˡᵉ Hollebecque et MM. des Rotours et Haguenauer, ont participé activement à l'explication ou à l'interprétation des textes.

La seconde conférence a été consacrée à la traduction et au commentaire du chapitre de *Yi-li* sur la *Majorité*. MM. Haguenauer et des Rotours ont suivi l'explication du texte avec beaucoup d'attention. M. des Rotours a participé au travail de traduction.

Nombre des inscrits : 4.

Élève titulaire : Mˡˡᵉ Hollebecque.

Auditeurs réguliers : MM. Haguenauer, des Rotours, Thomas.

IV

RELIGIONS DE L'INDE.

Directeurs d'études : M. Sylvain Lévi, professeur au Collège de France; M. A. Foucher, professeur à la Faculté des lettres de l'Université de Paris.

Chargé d'une conférence temporaire, pendant l'absence de M. A. Foucher, en mission : M. P. Masson-Oursel, agrégé de l'Université.

Pendant une suppléance de deux mois, on s'est attaché à rechercher quel fut, au cours de l'histoire indienne, le contenu de l'idée de *dharma*. Les textes védiques ont fait reconnaître dans le *dharman* l'acte sacrificiel, par lequel dieux ou prêtres «maintiennent» l'ordre du monde. Les plus anciennes *upaniṣads*, puis, à un stade ultérieur, les çāstras juridiques ou politiques (darmaçāstra, nītiçāstra) ont montré dans la puissance temporelle du monarque l'héritière de la souveraineté que confère l'acte pie : le roi a pour fonction de «maintenir» cet ordre social qu'expriment collectivement la loi et individuellement la vertu. Le *dharma cakrapravartana* du Bouddha coïncide à bien des égards avec la conception du monarque *cakravartin* : la roue solaire, emblème de la royauté, ainsi que cette roue dialectique inhérente, comme sa structure même, à l'existence, le *pratītyasamutpāda*, figurent par l'insertion des rais dans le moyeu le «maintien» d'un ordre. La loi bouddhique (dharma) consiste à comprendre que le donné est fait de phénomènes (dharma = saṃskāra), mais en connexion, de sorte qu'il suffit de dissocier méthodiquement leur contexture pour trouver dans le nirvāṇa, qui n'est ni être ni non-être, la délivrance. Les phénomènes qu'il fait être par sa puissance d'illusion, comparable à l'*asurasya māyā* de Mitra et de Varuṇa (*Ṛgveda* V, 63, v. 7), le Bouddha les proclame lui-même illusoires : il ne pourrait sauver, s'il ne savait tromper. Le Mahāyāna, soit Mādhyamika, soit Yogācāra, surtout dans sa théorie du *trikāya*, précise cette conception d'un Bouddha agent d'illusion, mais dénonciateur de l'illusion et prêchant lui-même la vacuité de sa loi. Pour se distinguer du Bouddhisme, le Brahmanisme médiéval, même dans ses darçanas philosophiques, ne prête au terme

de dharma qu'une acception technique (l'objet du sens interne; ailleurs,
l'idée abstraite de qualité); ou qu'une signification de sens commun (le
droit et le devoir de caste; plus généralement la vertu, voire la simple civi-
lité). La conclusion de cette étude paraît être que le mot de *dharma* n'a cessé
d'impliquer la notion de conditions stables, d'assises permanentes soit de la
moralité, soit de l'être; et l'on a cherché à déterminer la proportion d'arti-
ficialisme qu'elle enveloppe, en comparaison des idées avestique d'*asha*,
grecque de *νόμος*, de *λόγος* ou d'*εἶδος*, et chinoise de *fa*.

Nombre des inscrits : 6.

Élèves titulaires : MM. Derome, Stern.

Auditeurs réguliers : Mme Dampt, Mlle Delcour, MM. Delcour, Dr Mar-
chand.

V

RELIGIONS DE L'ÉGYPTE.

Directeur d'études : M. Moret, docteur ès lettres,
conservateur du Musée Guimet.

La première conférence du mardi a été consacrée à l'étude des textes qui
permettent de définir quel rapport existait, dans l'Égypte ancienne, entre la
condition sociale et les droits religieux; comment, à l'origine, la société
obéissant à un roi-dieu, le roi seul, avec sa famille et sa cour, jouissait de
droits religieux, bénéficiait des rites funéraires; par quelle évolution dans
l'état politique, l'usage de ces mêmes droits a été concédé graduellement à
des classes de plus en plus étendues de la population, si bien que dès la
xiie dynastie tout homme initié aux rites funéraires est considéré comme
l'égal des rois et même comme roi dans l'autre monde. Les textes et monuments figurés ont servi à exposer le point de départ (sous l'empire mem-
phite) et le point d'arrivée (xiie-xviiie dynasties) de l'évolution sociale et religieuse. Quant à la période intermédiaire, celle où la révolution s'est effecti-
vement réalisée, elle fera le sujet des conférences de 1920-1921.

La deuxième conférence était réservée à des travaux pratiques. Ils ont porté principalement sur l'étude grammaticale des pronoms et sur diverses questions d'archéologie et d'épigraphie religieuses.

Ont suivi les conférences : MM. Bisson de la Roque, L. de Blacas, Borrel, l'abbé Drioton, Mme Dupont, Mlle Hartmann, l'abbé Jean, Laporte, Orth, M. le professeur Jouguet. Tous ont apporté avec zèle leur contribution aux explications de textes et aux discussions d'idées.

Nombre des inscrits : 10.

Élèves titulaires : MM. Bisson de la Roque, Borrel, Laporte.

Auditeurs réguliers : MM. de Blacas, Drioton, Jean, Jouguet, Orth; Mme Dupont, Mlle Hartmann.

VI

RELIGION ASSYRO-BABYLONIENNE.

Directeur d'études : M. C. Fossey, professeur
au Collège de France.

Cette année encore la présence d'auditeurs non préparés a engagé le Directeur de la conférence à changer de programme. Au lieu d'exposer le résultat de ses recherches sur la bénédiction et la malédiction, il a cru plus utile d'initier les nouveaux venus à la lecture des textes. On a donc expliqué la plus grande partie du xvie fascicule des *Cuneiforms Texts* (textes magiques) et une inscription de Nabonide. A la fin de l'année, M. Virolleaud, élève titulaire, a fait dix leçons fort appréciées sur les principes de la divination babylonienne.

Nombre des inscrits : 6.

Élève titulaire : M. Margoulès.

Auditeurs réguliers : MM. Lecerf, Leidecker-Dubois, Noiville; Mme Ph. Selk.

VII

RELIGIONS D'ISRAËL ET DES SÉMITES OCCIDENTAUX.

Directeur d'études : M. Maurice Vernes.

Conférence du mercredi. — *Examen comparatif des quatre évangiles, seconde partie.* — La seconde partie des Évangiles est consacrée à l'exposé du thème apologétique suivant : *Jésus, bien que Messie, ne doit arriver à la gloire qu'au travers des souffrances et de la mort.* Nous procéderons, en conséquence, à l'examen comparé de Marc, VIII, 27-XVI, 8 avec Matthieu, XVI, 13-XXVIII, 20, avec Luc, IX, 18-XXIV, 53 et avec Jean, VI, 66-XX, 31.

L'examen comparatif de la première partie des Évangiles a confirmé notre hypothèse d'une très grande part à faire à leur initiative et à leur responsabilité propre dans la manière dont ils classent et utilisent les données fournies par leurs devanciers. A mesure que nous avancerons dans notre travail, nous serons conduit à discerner un même procédé de travail chez Matthieu, Luc et Jean à l'endroit de leur chef de file Marc : remaniement tendancieux du texte (ou des textes) qu'ils ont sous les yeux et constitution d'un stock de matériaux nouveaux propres à chacun, dont ils ont le ferme propos d'enrichir leur (ou leurs) devancier. Nous ne nions pas les «sources» particulières à Matthieu, Luc et Jean, mais leur possession à elle seule ne saurait expliquer la transformation que subit la «Bonne Nouvelle» au travers des quatre écrits canoniques.

Évangile de Marc. — La confession de Pierre, les déclarations qui la suivent et la scène de la Transfiguration (Marc, VIII, 27-IX, 13) nous transportent dans le cercle des préoccupations de la première église chrétienne au lendemain du supplice de Jésus. Elles répondent directement à l'horrible angoisse créée parmi les disciples par la catastrophe brutale anéantissant — ou tout au moins reportant dans un avenir plus ou moins éloigné — la réalisation du très prochain avènement du Royaume de Dieu, annoncé par Jésus. L'Église est persécutée, les adhérents du Christ sont en danger; la divinité a dû intervenir directement (Transfiguration) pour affirmer que le supplice du Messie était fatal, nécessaire et accomplissait à la fois la Loi (Moïse) et la Prophétie (Élie). Nous avons donc ici la forme matérialisée de la démonstration par les Écritures du caractère inéluctable du supplice du Christ (cf. Luc, XXIV, 25-27 et 44-46 et 1 Corinthiens, I, 17-18, 21-25 et II, 1-2). Que tout cela soit antidaté, il est à peine besoin de l'établir; cela saute aux yeux. Si nous complétons ces passages essentiels par la série des *Rappels* (Marc, IX, 30-32; X, 32-34, 38-39 et 45), par la *Parabole des vignerons* (Marc, XII, 1-12) et le grand discours sur la *Ruine de Jérusalem et le retour du Christ* (chap. XIII), nous serons conduit à traiter l'ensemble de ces déclarations comme constituant un placage artificiel, faussant totalement la seconde partie du drame évangélique. — En revanche, la couche antérieure des faits et discours, dont le sens était : Jésus et ses disciples vont au succès; le royaume Messianique va se fonder d'un moment à l'autre, trouve son appui dans une série de textes, tels que Marc, IX, 33-35, X, 1-12, 13-16, 17-31, 35-45, 46-52, tout particulièrement dans les scènes de *l'entrée à Jérusalem* et de la *Purification du Temple* (Marc, XI, 1-26).

Évangile de Matthieu. — Le premier évangile, qui avait singulièrement enrichi la partie correspondante de Marc (première partie) par ses grands discours doctrinaux en même temps qu'il bouleversait l'ordre des faits, a beaucoup moins modifié la suite (seconde partie). Nous nous bornerons à signaler l'intéressant épisode des *Didrachmes* (Matthieu, XVII, 24-27), destiné à exalter la personne de Jésus, la parabole du *Roi qui se fait rendre des comptes* (X, 23-35), et celle des *Ouvriers de la onzième heure* (XX, 1-16), indiquant une phase nouvelle dans la vie de l'église chrétienne. Voyez encore la parabole du *Festin des noces* (XXII, 1-14). En somme, les adjonctions au texte de Marc sont notables, mais point de première importance. Cependant la prédilection de Matthieu pour les développements oratoires reparaît nettement dans les journées qui suivent l'entrée à Jérusalem : *Discours contre les scribes et les Pharisiens* (XXIII, 1-39), où quelques lignes de Marc servent de thème à une longue diatribe; additions et compléments au grand discours apocalyptique sur la ruine de Jérusalem, consistant dans la *Parabole des dix Vierges* (Matthieu, XXV, 1-13), dans celle des *Talents* (XXV, 14-30) et dans le *Tableau du jugement dernier* (XXV, 31-46).

Évangile de Luc. — C'est la confrontation de Luc, IX, 18-XXIV, 53 avec Marc, VIII, 27-XVI, 8 et Matthieu, XVI, 13-XXVIII, 20, qui va nous donner la plus riche moisson. En effet, tandis que Marc se trouve vraiment pauvre dans la narration des événements qui vont de la Confession de Pierre à l'Entrée à Jérusalem (14 pages seulement sur l'ensemble de son Évangile, évalué à 78, soit *un cinquième*), Matthieu, fort dégarni (17 pages seule-

ment sur un total de 127, soit à peine *un septième*), Luc atteint, pour la
même période, un chiffre de 49 pages sur un total de 127, soit les *deux
cinquièmes*. C'est là qu'il a logé son fameux *Voyage à Jérusalem* (Luc, IX, 51
à XVIII, 14); c'est là que le troisième Évangile prend une revanche éclatante.
On peut supposer que l'écrivain a réduit intentionnellement sa première
partie afin de laisser toute la place possible soit à l'*Évangile de l'enfance* soit
au *Voyage à Jérusalem*, où il marquait le caractère original de ses sources et
de sa doctrine. Ne pouvant entrer dans le détail, nous donnerons quelques
indications sommaires, mais significatives.

Luc a noté exactement le début et le terme du *Voyage à Jérusalem* :
«Comme le temps approchait où Jésus devait être enlevé du monde, il prit
résolument le chemin de Jérusalem» et «Jésus allait devant eux (ses disciples), montant à Jérusalem» (Luc, IX, 51 et XIX, 28), ce qui correspond
aux textes de Marc, X, 1 et 32 et de Matthieu. XIX, 1. Un examen attentif
fait ressortir que Luc ne s'est pas contenté d'intercaler une sorte de livret,
rédigé à l'avance, dans le texte de ses devanciers, mais qu'il a accompli un
double travail de remaniement et d'interpolation. Il connaît Marc, mais il
connaît également notre Matthieu canonique, ce qui nous semble infirmer
l'hypothèse d'une source également exploitée, mais d'une façon indépendante,
par Matthieu et par Luc (les *Loguia*). Le voyage débute par un conflit
avec les Samaritains, que Jésus apaise (Luc, IX, 51-56); l'avenir est sombre
(Luc, IX, 57-62); cependant Jésus envoie en mission soixante-dix disciples
(figurant les missions organisées ultérieurement par l'Église auprès des
païens), et se félicite des résultats obtenus (Luc, X, 1-25). Puis vient la tou-
chante *Parabole du bon Samaritain*, propre à Luc (X, 25-37), rattachée au
Sommaire de la loi (que notre écrivain avait trouvé à Marc, XIII, 28 s. et à
Matthieu, XXII, 34 s. et qu'il a déplacé). Épisode de Marthe et Marie (Luc,
X, 38-42), propre à Luc. Invectives aux pharisiens et aux docteurs de la loi,
discours contre l'avarice, exhortations à la vigilance, etc., avec réminiscences
et modifications des textes évangéliques antérieurs : thèmes et cadres sont
exploités avec la plus grande liberté. L'idée, déjà connue, du «pécheur qui
se repent» amène l'admirable parabole de l'*Enfant prodigue* (XV, 11-32);
celles de l'*Économe infidèle* (XVI, 1-8) et du *Mauvais riche et de Lazare* (XVI,
19-31) appartiennent aussi en propre à l'auteur du troisième Évangile.
Voyez encore «Le juge inique» et «Le pharisien et le péager» (XVIII, 1-14).
Un peu plus loin, la parabole des «Dix mines» sera calquée sur celle des
«Talents» (Luc, XIX, 11-28, cf. MATTHIEU, XXV, 14-30), qu'elle modifie
sérieusement et, par la plus inouïe des singularités, il se trouvera que la
dernière parole prononcée par Jésus avant d'arriver sous les murailles de

Jérusalem sera un verdict de condamnation impitoyable à l'endroit du judaïsme : «Quant à mes ennemis, qui n'ont pas voulu que je régnasse sur eux, — dira le roi-Messie, — amenez-les ici et égorgez-les en ma présence» (XIX, 27).

En somme, quel élément d'enrichissement pour les doctrines et pour les faits retirons-nous de l'examen comparatif de la seconde partie de Luc avec les portions correspondantes de Marc et de Matthieu? Incontestable sous le rapport des doctrines et des enseignements, beaucoup moins évident sous le rapport des faits. Le «Voyage à Jérusalem» est un cadre, à l'intérieur duquel un certain nombre d'épisodes se succèdent sans lien organique ou logique. Il est douteux qu'ils puissent être utilisés pour une reconstitution historique. L'art de l'écrivain, très grand dans le détail, semble peu apte à rassembler les faits par un lien synthétique, malgré la connaissance générale des circonstances politiques de l'époque dont il témoigne. Ce que nous sommes en mesure d'affirmer, c'est que l'écrivain de Luc a connu l'Évangile de Matthieu en même temps que celui de Marc. Il a exploité l'un comme l'autre.

Évangile de Jean. — Nous sommes suffisamment avancé dans notre examen pour être en mesure d'affirmer que chaque auteur d'Évangile, après avoir remanié l'œuvre de son ou de ses devanciers, prétend se substituer à celle-ci et la rendre inutile, puisqu'il l'a complétée et corrigée. Ce que Matthieu a fait pour Marc, ce que Luc a fait pour Marc et Matthieu, Jean, à son tour, le fera pour Marc, Matthieu et Luc. C'est par la plus heureuse des chances que Marc et Matthieu ont survécu à Luc, qui se proposait de les remplacer, que Marc, Matthieu et Luc ont continué de jouir de la faveur des fidèles conjointement avec Jean qui voulait prendre leur place. Félicitons-nous tout particulièrement qu'une Concordance ou Harmonistique des Quatre-évangiles ne soit pas arrivée à fondre ces œuvres dans un ensemble, d'où nous serions réduits à les extraire par voie conjecturale !

La Confession de Pierre dans Jean (VI, 66-71) est la négation des assertions contenues aux Synoptiques. Jean n'avait-il pas placé l'affirmation de la dignité messianique de Jésus dans la bouche d'André, de Philippe et de Nathanael, alors que celui-ci était encore dans l'entourage du Baptiste (JEAN, I, 4o-42, 45 et 49)? La mort violente du Christ a été aussi annoncée lors du début de son activité (JEAN, I, 29, 36, et II, 19-22). A partir d'ici (chap. VII à X), le lien avec les Synoptiques est difficile à reconstituer, sans faire positivement défaut.

Nous relèverons comme type du procédé selon lequel Jean construit ses miracles-types, les épisodes fameux de Lazare et de l'onction à Béthanie (XI,

1-XII, 11). La carrière active de Jésus devait se terminer par la manifestation éclatante, destinée à illustrer la vérité suprême mise en lumière par le quatrième évangile : *Qui credit in me, etiamsi mortuus erit, vivet* (XI, 25). Les éléments en semblent empruntés aux Synoptiques : 1° Lazare, héros de la parabole dite du Mauvais riche (Luc, XVI, 19-31, spécialement les versets 27 à 31); 2° Jésus reçu avec empressement par Marthe et Marie (Luc, X, 38-42); 3° l'onction par une pécheresse (Luc, VII, 36-50 ; cf. Marc, XIV, 3-9 et Matthieu, XXVI, 6-13). — Deux hypothèses sont possibles : ou la tradition s'est conservée dans saint Jean et altérée, — comme éparpillée — dans les Synoptiques; ou saint Jean a groupé systématiquement des éléments empruntés à saint Marc, saint Matthieu, saint Luc. La seconde de ces vues semble fortifiée par les résultats littéraires de notre étude d'ensemble.

L'entrée à Jérusalem et le groupe des épisodes et discussions qui la complètent apparaissent singulièrement appauvris et diminués dans le quatrième évangile. L'entrée à Jérusalem n'est plus due qu'à l'initiative de la foule jérusalémite; Jésus la subit au lieu de l'encourager. Plus de purification du Temple ! — La condamnation prononcée contre le judaïsme impénitent est sans appel (Jean, XII, 37-50).

Nous arrêtons ici notre examen comparatif, réservant pour les conférences du prochain exercice la *Passion* proprement dite : Marc, XIV, 1-XVI, 8 ; Matthieu, XXVI, 1-XXVIII, 20 ; Luc, XXII, 1-XXIV, 53 et Jean, XIII, 1-XXI, 24. Nous discuterons à ce propos quelques récents et très estimables travaux parus en notre langue.

Conférence du lundi. — *Examen de l'authenticité du livre prophétique de Jérémie.* — L'examen des livres d'*Amos* et d'*Osée* n'a donné qu'un résidu douteux; celle du *Proto-Isaïe* a été décevante, parce que les textes semblent remaniés et *littérarisés*. Serons-nous plus heureux avec *Jérémie*, témoin des convulsions dernières du royaume de Juda? Un très grand nombre des développements de la première partie attestent l'intervention de rédacteurs plus récents; mais, à mesure que nous avons avancé dans l'étude du livre, nous nous sommes convaincu qu'il restait une source précieuse et féconde pour la connaissance des faits, des institutions et des idées du judaïsme pré-exilien. Sous ce rapport, nous avons sérieusement modifié les vues développées, il y a trente ans, dans notre *Examen de la littérature prophétique*.

Mon distingué collègue de la 4° Section, M. Thévenin, a bien voulu me continuer son aimable assistance à la conférence du mercredi.

Nombre des inscrits : 20.

Élèves diplômés : MM. Ed. Dujardin, Krakowski.

Élèves titulaires : MM. Chappuis, Douche, Godquin, Tramblay; Mme M. Vernes; Mlles Detrédos, de Zanetty.

Auditeurs réguliers : MM. Dufourg, Féraud, François, Heckel, Jordachesco, Konzelmann, Lorin; Mme Konzelmann; Mlle Grout.

VIII

JUDAÏSME TALMUDIQUE ET RABBINIQUE.

Directeur d'études : M. Israël Lévi, en congé.
Suppléant : M. Maurice Liber.

Première conférence. — *Recherches sur les anciennes prières juives.* — En conduisant ces recherches sur l'ancienne liturgie juive, on n'a pas eu en vue de reconstituer le texte primitif des plus vieilles prières, car il paraît bien que ces prières n'étaient pas, officiellement du moins, mises par écrit et, en passant par la bouche des officiants pendant des générations, elles ont dû subir de tels remaniements qu'il est téméraire de statuer une rédaction ancienne. On s'est proposé bien plutôt de reconnaître les idées directrices que devaient exprimer à l'origine les prières les plus anciennes et la manière dont elles pouvaient être développées et enchaînées en raison de leur destination liturgique et de leur mode d'expression; à savoir la récitation à haute voix par un officiant auquel les fidèles donnent la réplique par cœur. En d'autres termes, c'est une méthode liturgique, et non une méthode proprement littéraire, qui peut permettre de retrouver le contenu et la forme des plus anciennes parties du rituel juif.

Si l'on prend une vue d'ensemble de ce rituel dans son noyau, constitué par les trois offices journaliers, on peut distinguer dans ces offices un élément bi-quotidien : le *Chema* et ses bénédictions, et un élément tri-quotidien, la *Tefila* ou prière. Or, si la prière trois fois par jour est attestée par un psaume de date incertaine (LV, 18) et, plus précisément, par l'histoire de Daniel (VI, 11), la liturgie bipartie correspond à la division de la journée cultuelle dans le Temple de Jérusalem, où le « sacrifice perpétuel » était offert deux fois par jour.

Par la place qu'elles occupent dans le rituel et par d'autres indices encore, les bénédictions qui encadrent le *Chema* se révèlent comme les plus anciennes et, à l'origine, elles devaient former un office indépendant. Si l'on décante les éléments secondaires — comme la *Kedoucha* de la première bénédiction, qu'on est amené à éliminer par des considérations liturgiques, et le début de la troisième bénédiction, qui n'est que le développement d'une idée de transition — on retrouve dans ce triptyque hymnique l'exposition de trois articles de foi, nettement formulés encore dans les eulogies finales et dont l'enchaînement logique garantit l'originalité : 1° Dieu est le créateur de l'univers et des luminaires; 2° il est le protecteur de son peuple, élu pour recevoir sa Tora; 3° il est son libérateur, dans l'avenir comme dans le passé de l'Exode. La troisième bénédiction contient, vers la fin, une acclamation de la royauté divine, entonnée en chœur par les fidèles d'après deux versets du cantique de la Mer Rouge. Cette récitation alternée, visée par un texte aggadique de la première partie du II* siècle (*Mechilta* sur xv, 1, et passages parallèles), explique en partie — avec le grand pèlerinage de la Pâque — la place importante qu'occupent dans la religion juive de l'époque du second Temple la notion de l'Exode (*Yesiath Misraïm*) et l'idée du Royaume de Dieu, qui a été greffée sur la récitation du Chema lui-même.

La *Tefila*, vulgo *Chemoné-Esré* (« Dix-huit » [s. e. bénédictions]), qui est moins étroitement liée à des heures liturgiques, mais qui est aujourd'hui soudée au Chema dans l'office du matin et dans celui du soir, a constitué à un certain moment une prière distincte. Elle est même trop longue, trop complexe, pour être d'un seul jet. Une analyse approfondie montre combien elle est peu homogène. Déjà, les talmudistes distinguaient le cadre, formé par les trois premières et par les trois dernières bénédictions, et les douze (ou treize) bénédictions médianes. Zunz a indiqué que ce cadre pourrait bien représenter la partie la plus ancienne de la prière : c'est la seule qui ait été retenue dans les offices des jours fériés. Effectivement, ce cadre n'est nullement un cadre : les trois premières bénédictions ne constituent pas une introduction, pas plus que les trois dernières ne sont une conclusion. Les deux groupes sont indépendants l'un de l'autre et veulent être examinés distinctement.

Si l'on examine de près les trois premières, on reconnaît qu'elles forment un tout qui se suffit à lui-même et, derrière les remaniements successifs, on croit pouvoir retrouver une ancienne prière eschatologique en trois parties, développant le drame messianique en trois épisodes : venue du Messie par la vertu des patriarches, résurrection des morts — noter l'affirmation de cette croyance à une époque ancienne — exaltation du Très-Saint. Cette sanctification (*Kedoucha*) finale, d'après des versets bibliques, était probablement dès le principe récitée en chœur par les fidèles, comme la partie correspondante de la troisième bénédiction du Chema.

Dans les trois dernières bénédictions, on croit retrouver les restes d'une liturgie du Temple : les fidèles demandent à Dieu d'exaucer le sacrifice ; ils se prosternent en rendant grâces à Dieu pour ses bienfaits et reçoivent la triple bénédiction sacerdotale. — Les descriptions liturgiques que la Michna nous a conservées, soit d'un office matinal dans une annexe du Temple (*Tamid*, v, 1), soit de l'office du jour des Expiations (*Yoma*, vii, 1), mentionnent les *thèmes* de la plupart de ces bénédictions, mais pas dans l'ordre actuel.

Quant aux bénédictions du milieu, on peut encore y distinguer plusieurs groupes. Certaines expriment des besoins en quelque sorte permanents et généraux ; d'autres traduisent des aspirations de partis ou de sectes. C'est aux secondes, qui portent nettement la marque d'une époque et d'un milieu, que s'appliquent les déductions de J. Derenbourg, I. Loeb, I. Lévi.

Quand la *Tefila* fut devenue la prière par excellence, la prière-type, elle fut complétée, suivant les circonstances : par une bénédiction *ad hoc* pour le sabbat ou les fêtes, par un groupe de trois bénédictions pour l'office complémentaire (*moussaf*) de *Roch-Hachana*, par un groupe de six bénédictions pour l'office des jeûnes publics ; les intercalations qui s'insèrent dans le corps d'une bénédiction à l'occasion d'une circonstance donnée sont plus jeunes.

La double bénédiction qui encadre la lecture publique du Pentateuque et le groupe de bénédictions qui accompagnent la lecture d'un texte des Prophètes sont du même type. Enfin, comme le culte juif n'est pas lié à la synagogue, les bénédictions après le repas, qui offrent des analogies frappantes avec celles de Chema et qui sont sans doute aussi anciennes, les bénédictions des noces et celles (aujourd'hui disparues) des obsèques présentent les mêmes caractères et les idées développées se meuvent en fin de compte dans le même cercle. En somme, toutes les anciennes prières, hymnes ou oraisons, sont coulées dans le moule de la *beracha* ou bénédiction liturgique.

Pour achever cette étude, il resterait : 1° à dégager les lois du genre de la *beracha*, formulation du thème et de ses variations, enchaînement de plusieurs *berachoth*, mode de récitation, etc. ; 2° à faire le tableau des idées religieuses des Juifs d'après ces anciennes prières et les textes contemporains. Ces questions n'ont pu être touchées qu'en passant ; l'époque tardive à laquelle la conférence a commencé et le manque de préparation des auditeurs n'ont pas permis de remplir tout le progamme qu'on s'était tracé.

Deuxième conférence : *Explication critique du traité talmudique « Yoma ».* — Le texte étudié dans la seconde conférence se réfère à une forme cultuelle plus ancienne : le culte des sacrifices tel qu'il était célébré dans le Temple de Jérusalem, jusqu'en l'an 70, au jour le plus solennel de l'année religieuse, — et il est même intéressant d'observer la célébration de ce culte à une époque où celui de la prière était déjà parvenu à sa maturité.

Le traité de la Michna qui porte le titre de « Yoma » (autrefois : *Massécheth Kippurim*) est en gros une description du service célébré dans le Temple le jour des Expiations (voir J. Derenbourg, dans la *Revue des études juives*, t. VI); le noyau remonte au 1ᵉʳ siècle de l'ère chrétienne, sans qu'on puisse préciser davantage (voir D. Hoffmann, *Die erste Mischna*, 1882, p. 15 et suiv.; Büchler, *Die Priester und der Cultus*, 1895, p. 10 et suiv.). La rédaction recueillie par l'auteur de la Michna paraît être l'œuvre du tanna Eliézer B. Jacob (deuxième moitié du 1ᵉʳ siècle); certains paragraphes sont littéralement empruntés au traité de *Tamid*, qui offre dans l'ensemble, comme celui de *Para*, beaucoup de ressemblances dans la composition et le style. Le Talmud de Babylone n'ajoute guère à la Michna, en fait de documentation historique, que quelques *baraïtoth*, conservées généralement aussi par la Tossefta.

Pour l'explication du texte, on s'est servi de l'édition classique de Ch. Tchernowitz (*Kissur ha-Talmud*, Lausanne, 1919), qui donne les parties principales de la Michna et de la Guemara babylonienne, avec numérotation et interponction. L'éditeur n'a pas établi un texte rigoureusement critique, mais plutôt un texte revisé, par rapport aux éditions ordinaires, à l'aide de quelques variantes fournies par les *Variae lectiones* de Rabbinovicz; ses notes explicatives sont plus utiles pour les commençants que le commentaire traditionnel de Rachi.

On a expliqué le premier chapitre en entier et des fragments du reste, en s'attachant surtout aux textes historiques ou censés tels. Pour le premier paragraphe, on a pu mettre à profit l'étude pénétrante, mais hasardeuse, de Ad. Schwarz sur le *segan* dans la *Monatsschrift für Gesch. u. Wiss. d. Judent.*, LXIV, 30 et s.

Élèves inscrits : 7.

Élèves titulaires : MM. Champagne, Meyers, Schlomoff, Stern.

Auditeurs réguliers : MM. Kaplan, Roger Lévy.

IX

ISLAMISME ET RELIGIONS DE L'ARABIE.

Directeur d'études : M. Clément Huart, professeur à l'École nationale des Langues orientales vivantes, membre de l'Institut (Académie des Inscriptions et Belles-Lettres).

La Conférence du mardi, réservée à l'étude du texte du Qorân et à l'histoire de l'exégèse musulmane telle qu'elle ressort des renseignements fournis, pour les trois premiers siècles de l'hégire, par le Commentaire de Ṭabarî, a repris son cours normal. On a continué l'étude des interdictions remontant au temps du paganisme, déjà commencée l'année précédente, en analysant les versets 142 à 145 du chapitre vi. Les difficultés d'interprétation qu'offrent les versets 142 et 143 ont retenu l'attention des élèves : jardins qualifiés de *ma'roûchât* ou non, c'est-à-dire visiblement «montés sur treilles», *okol* dans le sens de «fruit», *motéchâbih* «ressemblant» interprété de façon diverse par les anciens exégètes. Que signifie *farch^{an}* au verset 143? Aucune explication n'est vraiment satisfaisante. La prescription : «Payez-en le droit au jour de la récolte» a soulevé les controverses des anciens jurisconsultes, sans compter celles des théologiens. Les «huit éléments de couple» *thamâniyat^a azwâdj^{in}* (v. 144) se rapportent sûrement à des interdictions, mais le sens n'en ressort pas du texte, et le commentaire n'éclaircit rien : il semble qu'il manque quelque chose.

Les versets 146, 152 et 153 résument les principales interdictions substituées par la nouvelle religion aux anciens *tabous* : chairs mortes, sang répandu, viande de porc, infanticide, fornication, meurtre, protection des biens de l'orphelin, défense de vendre à faux poids, association de créatures dans l'adoration due à la divinité. Les interdictions de la religion juive (v. 147), que Mahomet ne connaissait que par communications orales avec les Juifs de Médine, n'offrent aucun intérêt, ce sujet nous étant mieux connu par ailleurs. Controverse avec les polythéistes : «Si Allah l'avait voulu, objectent ceux-ci, nous n'aurions pas péché» (v. 149). Mahomet riposte vigoureusement : «Si vous en savez quelque chose, dites-nous-le. C'est Dieu qui possède la preuve convaincante. S'il l'avait voulu, il vous aurait tous dirigés [dans la voie droite].» *Sit pro ratione voluntas.* Au verset 164, on a établi que le verbe *wazara* ne signifie pas «porter une charge», comme les modernes l'ont prétendu pour établir la fausse étymologie de *wazîr* «ministre d'État» (en réalité emprunté au persan *gazîr*), mais simplement «pécher», de sorte que le passage célèbre que contient ce verset signifie tout uniment : «Une [âme] pécheresse ne péchera pas du péché d'une autre,» c'est-à-dire, ne sera pas répréhensible pour la faute d'autrui; nous sentons comment, logiquement, on a été conduit à donner au verbe *wazara* le sens de *porter* qu'il n'avait pas à l'origine.

Au chapitre vii, les versets 1 à 17 ont été examinés. L'allusion à des villes détruites est sans intérêt, faute de précision. C'est au verset 7 que l'on trouve la mention de la balance du Jugement dernier; le plateau lourd sera celui des élus, le léger celui des réprouvés : c'est-à-dire que l'on pèsera uniquement les bonnes œuvres. Aux versets 10 et suivants, nous arrivons à un récit célèbre parmi les Musulmans, celui où Dieu ordonne aux anges de se prosterner devant Adam lorsqu'il a été créé, ce qu'ils firent tous, sauf Iblîs (διά-βολος) qui refusa, parce que Adam était créé de limon, et lui de feu : ce qui montre la croyance universellement répandue au moyen âge, que de ces deux éléments le feu était supérieur, à cause de sa tendance à s'élever. Il est chassé du paradis (terrestre, indiqué dans le texte par un simple pronom personnel) et demande un délai [pour subir sa punition] jusqu'au jour de la résurrection, ce qui lui est accordé (v. 14); mais ceux qui suivront ses directions iront tout droit en enfer (v. 17).

Dans la Conférence du mercredi, on a poursuivi l'étude de la mystique persane dans le *Methnéwi* de Djélâl-eddîn Roûmî; on a achevé la lecture du livre II et commencé celle du livre III. On y a passé successivement en revue les différents récits au moyen desquels l'auteur illustre ses apophtegmes moraux. Histoire de saint Jean-Baptiste et de Jésus qui, avant leur naissance, se prosternent l'un devant l'autre, dans le sein de leurs mères, au cours d'une visite faite par Élisabeth à Marie; difficulté des ignorants à admettre ce récit, parce qu'on croyait que les deux femmes n'avaient pu avoir de communication entre elles; mais cette communication peut avoir eu lieu sans le secours de la parole, témoins les récits des animaux dans *Kalîla et Dimna* et les amours de la rose et du rossignol. La différence des noms ne doit pas faire illusion sur l'identité des choses : anecdote de quatre individus qui désiraient une grappe de raisin et qui se battent faute de se comprendre; c'est que chacun désignait le raisin par un mot différent : le Persan disait *angoûr*, l'Arabe *'inab*, le Turc *uzum*, le Grec σ7αφυλή.

Le prophète fait disparaître, grâce à la religion qu'il prêche, les vieilles haines existant entre les tribus des Aus et des Khazradj, qui se fondent dans le parti unique des Ançârs ou «auxiliaires». Ceux qui vivent par le cœur, c'est-à-dire les mystiques, sont ainsi unis extérieurement comme intérieurement. Apologue de la poule qui a couvé des œufs de cane : les canetons, obéissant à l'instinct hérité de leurs parents, vont droit à l'eau et y nagent; c'est ainsi que le mystique doit se lancer dans la mer infinie de la vie spirituelle. Étonnement de pèlerins qui rencontrent un ascète installé sur le sable brûlant du désert, et qui reçoit l'eau du ciel par une voie miraculeuse.

Au livre III, des Indiens affamés veulent se livrer à la chasse des petits d'éléphant; un sage les en dissuade; ils ne l'écoutent pas. Après avoir mangé de leur gibier, ils s'endorment, laissant en sentinelle l'un d'eux qui n'avait pas participé au repas. Survient la mère de l'éléphant abattu : elle reconnaît à l'odorat que la sentinelle n'a pas mangé de son petit, mais elle fait périr les autres. L'erreur des amis vaut mieux que la vérité des étrangers : c'est ce qui ressort de l'histoire de Bilâl, esclave abyssin qui fut le muezzin de Mahomet, bien qu'il prononçât mal l'arabe.

Histoire du paysan qui invite un citadin à venir le voir dans son village; quand celui-ci arriva, il ne le reconnut plus; c'est que, possédé de l'amour divin, le monde et ses habitants n'existaient plus pour lui. Le récit est semé d'apologues complémentaires : malades qui vont demander à Jésus la guérison de leurs maux; faucon invitant les canards à venir sur la terre ferme, et conseil d'un canard avisé qui leur démontre que l'eau est pour eux la meilleure défense. Histoire du chacal tombé dans un pot de couleur et qui prétend être un paon, mais les autres chacals lui demandent de faire la roue, ce qu'il ne peut exécuter; de l'homme qui se graisse la moustache pour faire croire qu'il est invité tous les jours chez les grands, et dont l'estomac se plaint d'être vide; de Pharaon qui se prétendait dieu et invite les Israélites à une fête pour les tenir éloignés de chez eux et empêcher ainsi la conception de Moïse, qui lui avait été annoncée à cette date; du moufon qui voit sa femelle sur la montagne opposée, s'élance, tombe et périt dans la vallée intermédiaire.

M. Virolleaud, élève diplômé, a suivi assidûment cette conférence et a aidé puissamment, par la comparaison de diverses éditions lithographiées du texte persan, à établir la meilleure leçon des passages difficiles.

Nombre des inscrits : 8.

Élèves titulaires : MM. Virolleaud, Zerbib.

Auditeurs réguliers : MM. Hamza, Sauvaget; Mlle Nevzad.

X

RELIGIONS DE LA GRÈCE ET DE ROME.

Directeur d'études : M. Jules Toutain, docteur ès lettres.

Conférence du jeudi. — Pendant l'année scolaire 1919-1920, le Directeur d'études a continué ses recherches sur les plus anciens cultes romains et leurs principaux rites. Il a étudié les fêtes religieuses mentionnées sur les calendriers pour les mois de novembre, décembre, janvier et février. De ces fêtes, les plus importantes étaient : les Mystères de la Bonne Déesse, les Faunalia, le Septimontium, les Saturnalia (décembre); — les Karmentalia (janvier); — les Lupercalia, les Quirinalia, les Parentalia, les Terminalia (février). Une attention toute particulière a été accordée au dieu Janus, qui donna son nom au mois de Januarius (janvier).

Ayant ainsi terminé l'étude des fêtes publiques inscrites aux calendriers, le professeur a résumé les conclusions qui ressortent de cette étude. La religion romaine primitive était plutôt animiste qu'anthropomorphique; les rites qu'elle pratiquait tenaient à la magie, à la démonologie; parmi ces rites, les uns se rapportent à la vie pastorale, d'autres à la vie agricole, d'autres à la vie urbaine, d'autres enfin au culte des morts. Dans l'histoire de plusieurs de ces rites, comme dans l'organisation des confréries religieuses chargées de les célébrer, on reconnaît l'évolution de la ville de Rome, d'abord limitée au Palatin et à ses pentes, s'étendant progressivement sur le Cœlius et l'Esquilin, sur le Quirinal et le Capitole, et embrassant enfin l'ensemble connu sous le nom de Ville des Quatre Tribus.

Les fêtes dont la liste nous est donnée par les calendriers ne représentent pas toute la vie religieuse des plus anciens Romains. Le Directeur d'études, pendant l'année scolaire 1920-1921, s'attachera à reconstituer la série des fêtes mobiles et des rites les plus importants du culte privé.

Conférence du vendredi. — Dans la conférence du vendredi, a été commencée l'étude des divinités et des cultes des eaux et des forêts dans la Grèce antique. En 1919-1920, les régions parcourues à ce point de vue ont été : la Thessalie et l'Épire; toute la Grèce centrale depuis l'Acarnanie et l'Étolie jusqu'à la Béotie; l'Attique; l'isthme de Corinthe; une partie du Péloponnèse (Argolide, Laconie et Messénie).

L'enquête ainsi commencée sera poursuivie en 1920-1921. Elle porte à la fois sur les mythes, les légendes et les cultes qui concernent les sources, les eaux courantes de toute espèce, les lacs et les étangs, les pertes d'eau si curieuses connues sous le nom de Katavothra; les forêts, les simples bosquets, certains groupes d'arbres, et dans son ensemble la végétation arborescente. Bien qu'encore incomplète, elle a déjà permis de reconnaître comment le culte des divinités anthropomorphiques, en particulier d'Apollon, de Poseidon, de Dionysos, d'Artémis, s'est tantôt substitué, tantôt simplement superposé au culte de génies ou démons locaux, sinon même à certains cultes rendus directement à des eaux ou à des bois; et aussi comment et sous quelle forme ont survécu des rites très anciens en contraste avec les rites accoutumés de la religion hellénique.

Nombre des inscrits : 3o.

Élèves titulaires : MM. Decelle, Le Crosnier, Macqueron, Morand, Dr Morgand, Tramblay; Mmes Ackermann, Chauveau, Lefebvre, Leroy, Morand; Mlles Brioland, Detrédos, de Zanetty.

Auditeurs réguliers : MM. Dufourg, Féraud, Heckel, Rues, Morgand, Ricard; Mmes Mercier, Rey; Mlle Menagé.

XI

RELIGIONS PRIMITIVES DE L'EUROPE.

Directeur d'études : M. H. Hubert, conservateur adjoint.
du Musée des antiquités nationales de Saint-Germain-en-Laye.

Conférence du jeudi, 10 heures. — *Examen des monuments religieux gallo-romains*. — Après une longue digression sur le Calendrier de Coligny, le travail de la conférence a porté spécialement sur les colonnes au Cavalier. Ces monuments, très nombreux dans les provinces rhénanes, dans l'ancien pays des Trévires, en Belgique et dans l'Est de la France, se composent d'une base à quatre faces, portant le plus souvent quatre figures de dieux, surmontée d'une colonne, fréquemment imbriquée, au sommet de laquelle un cavalier au galop foule aux pieds de ses chevaux un génie anguipède.

Le cavalier porte quelquefois une roue, quelquefois est remplacé par un char et son attelage, mais aussi par un Jupiter assis ou debout. La colonne comportait des représentations des saisons, au chapiteau, des dieux des jours, sur un tambour.

Il n'est pas douteux qu'elle ait une valeur cosmique, mais probablement de la même façon qu'une croix de carrefour. Ces monuments ont été comparés à l'Irminsul germanique et attribués aux Germains de la vallée du Rhin. Il est plus probable qu'ils sont celtiques, puisqu'ils sont répandus jusqu'en Armorique et en Auvergne; de semblables représentations cosmiques étaient familières à la religion celtique. Mais les éléments de la représentation sont entièrement latins ou latinisés. — L'attention a été attirée particulièrement sur la constance du choix et de l'ordre des figures divines de la base. Ce sont, dans l'ordre suivant : Junon, Mercure, Hercule, Minerve. Chacune de ces divinités a des doublets, mais qui ne sont pas indifférents. L'hypothèse a déjà été proposée que ces divinités représentent les saisons. Pour Junon, il est facile d'établir que ce serait la saison de sa fête, les *Matronalia*, car, bien que les inscriptions nomment une Juno Regina, il s'agit d'une Juno Lucina qui, à ce titre, est représentée comme une Hécate. Minerve était encore, au début du moyen âge, invoquée en hiver dans les chansons des fileuses paysannes.

M. Bosc a fait une leçon sur le Calendrier de Coligny et une autre sur les croissants ou les cornes de consécration dans la préhistoire européenne.

M. Janse a fait une très intéressante leçon sur les bractéates scandinaves. Il a démontré qu'elles procédaient d'imitations de monnaies byzantines représentant Attila à la chasse au faucon. Quelques-unes portent des inscriptions soit en caractères grecs, soit en runes, confirmant cette hypothèse.

Conférence du jeudi, 11 heures. — *Études de religion celtique.* — Cette conférence a été consacrée particulièrement à l'étude du vase de Gundestrup, commencée dans l'année scolaire 1912-1913 par l'étude de l'une des figures de dieux représentées sur les plaques extérieures du vase. La découverte de ce vase à Gundestrup, en Jutland, en 1891, abandonné dans des conditions dictées par la religion, pose quelques questions qui n'ont pas encore été résolues. Il représente des figures de dieux celtiques bien connus, des parties de costume et d'armement celtiques, mais à côté de particularités qui interdisent de supposer qu'il ait été fabriqué en Gaule ou dans les Îles Britanniques. Mais restait-il des Celtes en Jutland à la date du vase ou les Germains du pays étaient-ils alors suffisamment celtisés? Cette question de date a reçu les réponses les plus diverses et elle sera encore examinée. Le vase est en tout cas un monument central de la religion des Celtes, prise dans son ensemble et doit être interprété à la lumière des éléments de la tradition celtique qui ont ou qui peuvent avoir été communs aux diverses branches. C'était un chaudron sacré, comparable à ceux qui ont été en usage en Gaule, en Bretagne et en Irlande, sans parler du chaudron des Cimbres et de quelques chaudrons scandinaves. Ils avaient leur répondant dans la mythologie. L'ornementation du vase se rapporte à sa fonction. Cette fonction était sacrificielle. La plaque du fond représente un sacrifice, qui est répété sur l'une des plaques intérieures. Celles-ci paraissent figurer le déroulement des cérémonies et de leur mythe. Ce sacrifice, présenté sous les espèces d'un sacrifice animal et d'un sacrifice humain, était un sacrifice comparable au sacrifice hindou du *Soma*. — Les figures extérieures du vase, à l'étude desquelles a été consacrée la plus grande partie des leçons de cette année, signifient l'assistance divine aux rites. C'est la réunion des dieux, c'est aussi la représentation du monde autour d'une cérémonie de grave importance. Mais comme dans la magie gréco-romaine et dans la religion du temps de l'Empire, cette représentation devait être faite en fonction du temps. Le vase de Gundestrup a été comparé aux vases dits *semainiers* entourés de figures des dieux de la semaine. Cette hypothèse ne convient ni au nombre des figures, qui était de huit, ni au nombre relatif des figures de dieux et de déesses, ni à la date la plus vraisemblable du vase, qui est l'époque de La Tène II. Les figures extérieures du vase de Gundestrup correspondent deux par deux aux quatre grandes fêtes de l'année celtique, aux quatre divisions principales, et, une par une, à huit demi-saisons de quarante-cinq jours dont le souvenir est conservé par les calendriers irlandais.

M. Mac Sweeney, élève de la conférence, a fait des communications : 1° sur le pouvoir du roi en Irlande, 2° sur les combats singuliers dans l'histoire des guerres entre Rome et les Gaulois.

Nombre des inscrits : 7.

Élèves titulaires : MM. Bosc, Chaillié, Roustain.

Auditeurs réguliers : MM. Drioux, Janse, Mac Sweeney.

XII

LITTÉRATURE CHRÉTIENNE ET HISTOIRE DE L'ÉGLISE.

Directeurs d'études : M. Eugène DE FAYE, docteur en théologie ;
M. Paul MONCEAUX, professeur au Collège de France, membre
de l'Institut (Académie des Inscriptions et Belles-Lettres).

1° Conférence de M. EUGÈNE DE FAYE.

Le professeur a exposé d'après les textes que l'on possède ce que l'on sait
de la vie et de la carrière d'Origène. Il s'est attaché notamment à mettre en
lumière la nature de ses sentiments religieux et personnels. Il a fait ensuite
une étude critique de toute la littérature dont Origène est l'auteur. L'attention des élèves a été particulièrement dirigée sur la question de la valeur
exacte des traductions latines des écrits d'Origène. Dans un deuxième cours,
le professeur a expliqué avec ses élèves de larges extraits des deux premiers
Stromates de Clément d'Alexandrie. L'examen critique des diverses questions
qui y sont traitées a complété l'explication philologique des textes.

Nombre des inscrits : 3o.

Élèves titulaires : MM. GODQUIN, SALMON, TRAMBLAY ; Mlles DELALANDE, DE-
TRÉDOS, DE ZANETTY.

Auditeurs réguliers : MM. BERNARD, BRINK VAN BACKUYZEN, BARLEIGH, COR-
NIER, COUVE, D'ESPINE, FABRE, FOULQUIER, FREY, GUILLAUME, HAMMEL, HECKEL,
HÉRING, HEUZÉ, LETHEL, LOMBARD, MONDAIN, PARROT, PELLIER, ROMBEAU,
TROCMÉ, VIOLLIER, WESTPHAL, Mlle GROUT.

2° Conférence de M. PAUL MONCEAUX.

CONFÉRENCE DU LUNDI. — Poursuivant ses études critiques sur l'œuvre de
Sulpice Sévère, le professeur a expliqué en détail les *Lettres* relatives à

saint Martin. Il s'est attaché à déterminer exactement le rapport entre ces lettres et la *Vie* du Saint, à en préciser la valeur documentaire, à en dégager quelques données historiques sur la Gaule chrétienne du temps.

CONFÉRENCE DU MARDI. — Études sur l'épigraphie chrétienne de la Gaule Belgique. Explication des textes; relevé des formules et des symboles; chronologie, comparaison avec l'épigraphie de Rome et d'autres régions.

M. DE BRANCION, élève titulaire, a pris la plus grande part aux travaux de la conférence.

Nombre des inscrits : 2.

Élève titulaire : M. DE BRANCION.

XIII

CHRISTIANISME BYZANTIN ET ARCHÉOLOGIE CHRÉTIENNE.

Directeur d'études : M. Gabriel MILLET, ancien membre
de l'École française d'Athènes, docteur ès lettres.

Le Directeur d'études, avant la fin de l'année scolaire 1919-1920, a été chargé d'une nouvelle mission au Mont Athos. Dans les conférences qu'il a pu donner avant son départ, il a étudié plusieurs monuments qu'il avait visités et relevés au cours de ses précédentes missions.

Nombre des inscrits : 7.

Élèves titulaires : MM. QUÉNET; Mlle SCHMIEDER.

Auditeurs réguliers : Mlles DER NERSESSIAN; DE SOKALSKY.

XIV

HISTOIRE DES DOCTRINES ET DES DOGMES.

Directeurs d'études : MM. François PICAVET, chargé de cours
à la Faculté des lettres de l'Université de Paris; Paul ALPHANDÉRY.

1° Conférence de M. François PICAVET.

La Conférence du JEUDI MATIN a été consacrée surtout à l'étude de textes
du IXe au XIIIe siècle qui permettent de montrer quel usage on fait alors de
la raison, sous toutes ses formes, dans l'étude des questions théologiques.

Celle du JEUDI SOIR, sur les Écrivains religieux, sur les théologiens de la
Gaule et de la France au XIIIe, au XIVe, au XVe siècle, a eu pour objet de
mettre en lumière la méthode qu'ils ont suivie pour s'assimiler tout ce qui
leur venait du passé et faire œuvre personnelle.

M. KRAKOWSKI a été diplômé pour son Mémoire sur *Plotin et St Augustin*.

M. André PAUL, qui a pris une part très fréquente à la Conférence, a été
reçu agrégé d'histoire.

M. LEFÈVRE, ancien élève de la Conférence, a été reçu agrégé des Faculté
de droit pour l'Histoire du droit.

M. BARBOUX a préparé à l'École un Mémoire pour le Diplôme d'études
supérieures de philosophie sur la *Dialectique de Ramus*, et il continuera
cette année ses recherches sur l'œuvre et l'influence de Ramus en France et
à l'étranger.

M. MAÎTRE a préparé de même à l'École un Mémoire pour le Diplôme
d'études supérieures de philosophie sur la *Métaphysique et les Doctrines religieuses de Condillac*, qu'il se propose de compléter par des recherches plus
spécialement religieuses.

M. Chappuis a terminé et déposé son Mémoire en vue du Diplôme de l'École sur l'*Influence religieuse du Stoïcisme*.

MM. Vuillier et d'Espine, étudiants en théologie, ont commencé des recherches sur *Pascal* et sur *Kant,* qu'ils reprendront.

M. Georges Boas, professeur à l'Université de Californie, a publié un article fort intéressant sur une traduction américaine de *Plotin*, qui a beaucoup utilisé, sans le dire assez, la traduction française de Bouillet.

M. Bigarret a commencé un Mémoire sur la *Théorie des Démons* d'Apulée à Plotin.

Mᵐᵉ Kousnetzoff a étudié la *Doctrine de la Prédestination* au ɪxᵉ siècle.

M. Etchegoyen a été nommé Élève de l'École de Rome, où il va continuer ses recherches sur *Raymond Lulle et Sainte Thérèse*.

Nombre des inscrits : 25.

Élève diplômé : M. Krakowski.

Élèves titulaires : MM. Barroux, Chappuis, Godquin, Paul, Salmon, Vignaux; Mˡˡᵉˢ Delalande, Détrédos, de Zanetty.

Auditeurs réguliers : MM. Burleigh, d'Espine, Guillaume, Maître, Viollier; Mᵐᵉ Mercier; Mˡˡᵉˢ Grout, Kousnetzoff.

2° Conférence de M. Paul Alphandéry.

La Conférence du lundi a été consacrée à des recherches sur la *Connaissance de l'histoire des religions dans le moyen âge latin*. Cette étude avait été entreprise dans les quelques conférences du second semestre de l'année scolaire 1918-1919. Elle a principalement porté cette année sur l'évhémérisme des interprétations mythologiques chez Isidore de Séville et les auteurs d'encyclopédies qui dérivent de lui, en particulier l'*Image du monde* latin et en français. Le professeur s'est attaché à montrer l'importance

des synchronismes établis par Pierre Comestor dans son *Historia Scholastica*
et leurs rapports avec l'exégèse évhémériste de l'érudition française du xvii°
et du xviii° siècle.

A la conférence du vendredi, ont été reprises des recherches sur le *Prophétisme dans le moyen âge latin* qui avaient été interrompues par suite de la mo-
bilisation du directeur d'études. Cette année, les travaux ont porté sur la
période comprise entre le début du xiii° siècle (origines franciscaines) et la
fin du xiv° siècle (grand schisme). Pendant cette période, le prophétisme re-
lève, à quelques exceptions près, de l'école joachimite, c'est-à-dire qu'il est
surtout écrit, d'exégèse allégoriste, réservé aux clercs. Même les individus
chez lesquels il paraît le plus spontané, un Dolcino, une Naprons Boneta,
le doivent à l'école, et il est aisé de discerner ce qui chez eux est d'origine
livresque. On a montré l'*explanatio Scripturarum* évinçant peu à peu les
manifestations primitives du charisme prophétique.

L'influence sociale du prophétisme en est réduite d'autant : on ne saurait
soutenir sérieusement que la publication de l'*Introductio ad Evangelium æter-
num* ait eu un retentissement quelconque dans la foule parisienne. Le succès
de Bernard Délicieux s'explique par des motifs tout autres que son joachimisme. Arnaud de Villeneuve (nous parlons de sa seule activité prophétique),
Jean de la Rochetaillade ont pu avoir quelque action personnelle sur leur entourage; elle s'est vite circonscrite à un groupe infime de mécontents ou de
curieux.

En dehors du joachimisme, les manifestations prophétiques originales,
celles notamment d'Angèle de Foligno ou de Marguerite de Cortone, paraissent influencées par la théorie franciscaine des *tribulations* et aboutissent
à la constitution d'une véritable apocalypse de l'Ordre des Mineurs.

Quelques-unes des dernières conférences de cette année ont été occupées
par une étude de Catherine de Sienne en tant que prophétesse de la Croisade.

Nombre des inscrits : 9.

Élèves titulaires : Mmes ACKERMANN, LEROY, PERRUCHOT; Mlles BRIOLAND;
DELALANDE; DETRÉDOS; HOLLEBECQUE, SCHMIEDER.

XV

HISTOIRE DU DROIT CANON.

Directeur d'études : M. R. Génestal, professeur à la Faculté de droit
de l'Université de Caen.

Conférence du samedi, 2 heures. — Le *Procès des Templiers* a été étudié
au point de vue des rapports des deux juridictions laïque et ecclésiastique.
Après une courte introduction sur l'histoire et l'organisation générale de
l'ordre et les principes qui devaient, dans un procès d'hérésie contre personnes religieuses, déterminer la compétence, on a commencé l'étude des diverses phases de la procédure.

I. *Phase préparatoire.* — Des dénonciations sont portées et au pape et au
roi, sans que rien autorise à croire, comme le suppose gratuitement Finke,
que le roi les ait provoquées. Le roi en entretient le pape. Il commence une
information pour établir le fait de la *diffamatio*. Des témoins, et notamment
des Templiers, sans doute apostats, sont entendus. Cette information se
légitime : 1° par le mandat du pape, 2° par le concours de l'inquisition.
Le pape de son côté, mais plus tardivement et plus lentement, entame une
enquête.

II. *Le procès de 1307.* — Pour forcer la main au pape le roi décide l'arrestation.

La *captio* des Templiers par les officiers laïques est tout à fait conforme à
la jurisprudence française. Le roi avait d'ailleurs pris la précaution de con-
sulter les évêques et de se faire requérir par l'inquisiteur. Le pape proteste,
non pas, comme le suppose Finke, parce qu'il ignorait la requête de l'inquisition, mais parce qu'il se prétendait saisi de l'affaire et qu'il contestait à
l'inquisiteur le droit de juger les Templiers exempts. Arguments qui ne
portent pas, car on pouvait contester que le pape fût saisi, puisqu'aucune
décision formelle n'avait été prise, et d'autre part l'exemption ne couvre pas
les hérétiques et n'est pas opposable au délégué du pape tel que l'inquisiteur.
Le roi conserve la *detentio* des Templiers arrêtés. Ils sont en prison empruntée, à la disposition du juge d'Église. Cette manière de faire est tout à

fait exceptionnelle et serait certainement une violation du *privilegium fori,* si l'inquisiteur ne l'avait formellement requise.

Les officiers royaux font une *enquête préparatoire.* Il était d'usage en France, bien que contraire au droit canon, que le juge laïque ne rendît le clerc arrêté que *chargé du crime* et même parfois après lui avoir arraché une confession. Cette enquête est très courte et n'a pas autant d'importance que Finke lui en a donné. Il ne paraît pas non plus que la torture y ait été généralement employée. Le roi était assez sûr des inquisiteurs pour n'avoir pas besoin de violer trop ouvertement le droit de l'Église.

L'*enquête* est menée par les inquisiteurs. Depuis 1305 au moins, Guillaume Imbert était inquisiteur pour le royaume, non par délégation de son prieur, comme le dit Finke, car on voit au contraire le prieur de Paris commis par Guillaume Imbert, mais sans doute par délégation directe du pape à la demande du roi.

À cette procédure participent les laïques, ce qui est conforme aux pratiques de l'inquisition et aux instructions données par le roi et Guillaume. Il est remarquable cependant qu'à Paris l'inquisiteur agit seul, le roi était sans doute assez sûr de lui pour ne pas le faire surveiller par ses officiers. Le procès-verbal de Caen est le type de la procédure conforme aux instructions. On remarque que les procès-verbaux ne relatent que la dernière phase de l'enquête, ce sont des procès-verbaux d'aveux; il y a eu d'autres interrogatoires d'inquisiteurs auparavant, ce qui diminue encore, vu la date très rapprochée de la *captio* que portent ces procès-verbaux, l'importance de l'enquête laïque. Les aveux publics de Molay et de quelques autres ne sont qu'un épisode de la procédure d'inquisition.

III. La troisième phase du procès commence à la date à laquelle le pape a évoqué l'affaire et suspendu les pouvoirs de l'inquisiteur. Contrairement à l'opinion de Finke, cette évocation et suspension eut lieu presque aussitôt que le pape eut connaissance des poursuites. La première lettre que le pape en écrit au roi, le 27 octobre, annonce l'envoi de deux cardinaux chargés de prendre livraison des Templiers. Il n'y a pas de raison que le pape se charge de la détention pour le compte d'une autre juridiction ecclésiastique. Cette mesure suppose l'évocation.

Le roi accepte l'évocation, puisqu'il déclare restituer les prisonniers. Les cardinaux délégués commencent leur enquête, mais le roi ne s'est pas en fait dessaisi des Templiers, qui restent en prison empruntée; il les exhibe seulement aux cardinaux, comme il les exhibait auparavant aux inquisiteurs. Mais l'enquête des cardinaux menaçant de tourner à la justification des

Templiers, qui révoquaient leurs aveux, le roi l'interrompt en refusant l'exhibition.

L'enquête est arrêtée, le conflit est ouvert. Le roi, craignant de ne pouvoir obtenir du pape la condamnation qu'il désire, cherche alors les moyens d'arriver à son but par la seule action de la justice séculière ou du moins par la justice ecclésiastique française. A cet effet il consulte les conciles provinciaux, les États, l'Université, en même temps qu'il saisit l'opinion par des factums. De ce qui nous reste de cette action il résulte que la consultation juridique a porté sur trois points essentiels : 1° les pouvoirs des ordinaires ont-ils pu être régulièrement suspendus par l'évocation papale? Sans contester directement la validité de cette évocation, on la présentait du moins comme une atteinte aux libertés de l'église gallicane. 2° La justice séculière n'est-elle pas compétente pour juger l'hérésie? Malgré les arguments tirés par le roi de l'Ancien Testament, l'Université répond négativement. 3° Les Templiers n'ont-ils pas perdu le privilège clérical par leur crime? Ce privilège est-il compatible avec leur qualité de chevaliers et le métier des armes? Ceci était plus juridique et les arguments avaient une certaine base dans le droit canonique ancien (début du xiii° siècle). Mais au début du xiv° le système de la perte du privilège *ipso facto* par l'énormité du crime et l'apostasie était bien abandonné. La pratique française reconnaissait largement le privilège aux clercs chevaliers (dispensés même du port de l'habit et de la tonsure). Enfin par une argumentation plus subtile encore le roi considérait les Templiers comme engagés non envers Dieu mais envers le diable, comme n'étant point par suite *personæ religiosæ* et ne constituant pas un ordre. Mais la Faculté n'accepta pas cet argument plus que les autres. Le roi n'essaya pas de passer outre. Les pourparlers avaient d'ailleurs continué avec la cour pontificale et le roi finira par obtenir en juillet 1308 ce qu'il désirait.

Dans toute cette procédure le roi s'est donc montré assez respectueux des droits de la juridiction ecclésiastique. C'est des tribunaux d'Église qu'il obtiendra en fin de compte la condamnation désirée.

CONFÉRENCE DU SAMEDI, 3 HEURES. — *Explication des lettres d'Yves de Chartres.* — L'explication a porté sur les lettres traitant des fiançailles et du mariage. En étudiant le sacrement de fiançailles, l'âge à partir duquel elles peuvent être contractées, les conséquences qu'elles produisent, on constate qu'Yves connaît la différence entre fiançailles et mariage non consommé, mais qu'il applique aux unes et à l'autre la même terminologie, les mêmes textes et les mêmes conséquences. Par les fiançailles et par le mariage non consommé, le mariage est fait *ex majori parte.* Il n'est pas parfait sans la consommation. Il constitue déjà un sacrement indissoluble, mais la consommation en ajoutera un autre, celui qui symbolise l'union du Christ avec son Église.

Au Séminaire de droit canonique de la Faculté de droit (sous la direction de MM. Fournier et Génestal), M. LE BRAZ a étudié l'action de simple pacte et M. SOUDET le patronage normand.

Nombre des inscrits : 8.

Élèves titulaires : MM. LE BRAZ, LEFÈVRE, JOÜON DES LONGRAIS.

COURS PROFESSÉ

PRÈS LA SECTION DES SCIENCES RELIGIEUSES

DE L'ÉCOLE PRATIQUE DES HAUTES ÉTUDES.

HISTOIRE ET ORGANISATION

DE L'ÉGLISE CATHOLIQUE DEPUIS LE CONCILE DE TRENTE.

Directeur d'études : Mgr L. LACROIX, docteur ès lettres.

Dans ses leçons de 1920, à l'amphithéâtre Michelet, Mgr. Lacroix n'a pu qu'amorcer ses études sur Fénelon. — Après avoir raconté son enfance en Périgord, ses études à l'Université de Cahors, sa formation sacerdotale à Saint-Sulpice, il le montra chef de mission en Aunis et Saintonge, tout pénétré de douceur et de charité chrétienne envers les protestants, mais nullement imbu de cette tolérance philosophique que lui prête une légende du xviiie siècle.

Vint ensuite le préceptorat des enfants de France, le duc de Bourgogne et ses deux jeunes frères, où Fénelon se révéla pédagogue sans rival, puisque du petit Dauphin «né terrible» dont parle Saint-Simon, il fit un prince épris de belles-lettres et, avec cela, bon, humain, compatissant et humble presque à l'excès.

Les 3e et 4e leçons furent consacrées à Mme Guyon, la grande mystique à qui Fénelon, en dépit de la sournoise hostilité de Mme de Maintenon et des véhémentes objurgations de Bossuet, resta obstinément fidèle.

Les débuts de la voyante à Montargis, les déboires de son mariage, sa vie errante et apostolique, sa liaison avec le P. Lacombe, ses premiers écrits, ses démêlés avec son frère le P. de la Motte provincial des Barnabites, l'arrestation du P. Lacombe par lettre de cachet, celle de Mme Guyon elle-même et sa captivité à la Visitation de la rue Saint-Antoine, sa miraculeuse sortie de prison, suivie d'une période de prospérité qui tient du prodige, où elle fait la rencontre de Fénelon et devient l'oracle de Saint-Cyr et l'amie de Mme de Maintenon : tels sont les faits que raconte et discute le professeur avant d'aborder le duel mémorable entre Bossuet et Fénelon.

Ce duel, Mgr Lacroix en a exposé les préliminaires dans sa leçon de clôture : la disgrâce qui frappe brusquement Mme Guyon et Fénelon, éloigné de Saint-Cyr où le quiétisme faisait trop de prosélytes ; Bossuet intervenant pour juger la prophétesse et sa doctrine, recommençant ensuite son enquête avec Noailles et Tronson, et aboutissant aux 34 articles qui terminent les conférences d'Issy (1695) ; la soumission de Mme Guyon à la sentence des juges ; enfin Fénelon, nommé archevêque de Cambrai, recevant des mains de Bossuet la consécration épiscopale. Bref, l'affaire semble terminée et la paix irrévocablement signée. Mais Mme de Maintenon, qui veut à tout prix déprendre Fénelon de son amitié pour Mme Guyon, s'entend avec Bossuet pour ranimer la lutte. C'est le grand drame qui va commencer et qui sera l'objet des conférences de l'an prochain.

Comme les années précédentes, en raison de l'affluence du public, les conférences de Mgr Lacroix ont été données en dehors des locaux de la Section, à l'amphithéâtre Michelet. Le plus grand nombre des auditeurs ayant encore négligé de remplir la feuille d'inscription, il nous est impossible d'indiquer soit leur nombre total, soit leurs noms.

CONFÉRENCE TEMPORAIRE.

Conférence de M. Ed. DUJARDIN
sur des *Questions relatives aux Églises chrétiennes du 1ᵉʳ siècle.*

Empêché à deux reprises par des raisons de santé, M. Dujardin n'a pu donner qu'un petit nombre de conférences, au cours desquelles il a continué l'étude des repas de communion dans les religions primitives et spécialement dans les religions sémitiques, ainsi que l'analyse des travaux de Robertson Smith et de l'école anthropologique anglaise.

Il a abordé ensuite ceux de l'école sociologique et d'Émile Durkheim et analysé son grand ouvrage sur les *Formes élémentaires de la vie religieuse.*

Nombre des inscrits : 5.

Élèves titulaires : M. TRAMBLAY; Mˡˡᵉ DETRÉDOS.

Auditeurs réguliers : M. DEHOORN; Mᵐᵉ GODARD; Mˡˡᵉ CHASTEL.

3° RAPPORT DE Mlle ADR. CROISSANT,

BOURSIÈRE DE VOYAGE DE L'ÉCOLE POUR L'ANNÉE 1919-1920.

[Mlle Adr. CROISSANT, à qui la Ville de Paris a accordé une bourse de voyage pour aller étudier en Italie, principalement à Rome et à Florence, les documents, surtout manuscrits, relatifs aux religions de l'Amérique précolombienne, n'a pu s'acquitter de sa mission que pendant l'automne de l'année 1920. A défaut d'un rapport développé, elle nous a adressé de Florence et de Rome deux lettres, auxquelles nous empruntons les renseignements suivants.]

«A la Bibliothèque nationale de Florence, j'ai pris connaissance du *Codex Magliabecchi;* il a été publié de ce manuscrit un fac-similé, qui porte ce titre : *The book of the Life of the ancient Mexicans...*

«A la Bibliothèque Mediceo-Laurentiana, j'ai pris connaissance du manuscrit original de Sahagun, daté de 1569, en trois volumes, avec texte espagnol en regard du texte mexicain. Suivant le professeur Biaggi, bibliothécaire de la Mediceo-Laurentiana, la provenance du manuscrit Sahagun se rattacherait à un voyage que Cosme III de Médicis, dans la seconde moitié du xvii° siècle, fit en Hollande et dont il rapporta aussi des cartes géographiques. Depuis lors, le manuscrit Sahagun n'a pas quitté la Mediceo-Laurentiana...

«Ce manuscrit est illustré d'un très grand nombre de peintures et de dessins de facture nettement mexicaine. Les dessins sont très remarquables par la finesse du détail et le sentiment artistique. Ils illustrent le texte d'une manière précise et vivante, ce qui suppose chez le ou les auteurs une connaissance approfondie du rituel et de la mythologie.

«J'ai été frappée par la richesse de l'ornementation en ce qui concerne la partie astrologique, et il y aurait, je crois, un réel intérêt à ce que quelques dessins fussent reproduits. J'ai fait une démarche dans ce sens auprès du professeur Biaggi, et je lui ai demandé l'autorisation de photographier les planches les plus intéressantes. Il s'est vu, à son grand regret, obligé de me

la refuser, une telle permission n'ayant encore été jamais accordée. Mais il
donne toute liberté de copier ces dessins. J'ai reproduit quelques dessins as-
trologiques... Il n'existe, à la connaissance du professeur Biaggi, aucun
fac-similé du manuscrit de Sahagun. Divers auteurs en ont publié quelques
dessins. Un directeur du Musée national de Mexico, Don Francesco del Paso
y Troncoso, s'appliqua pendant dix ans à reproduire le Sahagun pour le
compte du gouvernement mexicain. A sa mort, son travail, prêt pour l'impression, fut remis au consul du Mexique qui ne l'a pas publié...

«J'ai commencé mes recherches à Rome par la Bibliothèque Victor Em-
manuel, catalogue des manuscrits. Le «*Fondo Gesuitico*» contient de nom-
breuses relations de membres de la Société au xvii° et au xviii° siècle. J'ai
lu celles des Messico-Missioni n°° 1472⁴, 1541, 1331², 1556, 1255⁶,
1671³². J'ai pris quelques notes sur la Mission en Guatemala (1697),...
sur la Province de Chiapa. J'ai relevé une liste des ordres missionnaires, qui
pouvait m'éclairer pour des recherches ultérieures. Le ms. gesuit. 3601
«*Noticias de las conquistas espirituales y trabajos de las misiones de la Ame-
rica septentrional y imperio de Mexico*» m'a donné des détails intéressants sur
la conversion des nations Opata et Pima. J'ai cherché en vain les *Litterae
Annuae* des Jésuites se rapportant aux Indes occidentales; les premières, qui
datent de la fin du xvi° siècle et qui sont imprimées, m'eussent été pré-
cieuses. J'ai appris par un Jésuite revenant d'Espagne qu'il en existe un
exemplaire à Madrid, où il les avait photographiées; car elles sont aujour-
d'hui introuvables.

«Quant aux Archives du Gesu, où je me proposais de compléter mes recherches sur le Fonds Jésuite, elles sont inaccessibles; certaines personnes
affirment même qu'elles ne sont pas à Rome.

«Aux Archives du Vatican, dans le fonds «*Archivio secreto*» des manuscrits AA, arm. I. XVIII (1816), j'ai trouvé : *Breve compendium super idolatria Indianorum Pio V porrectum*, relation datée de 1570 et signée de Sahagun. L'archiviste, que j'ai consulté, m'a déclaré que ce document se trou-
vait aux Archives du Vatican avant 1593, puisque dans l'Index compilé
cette année-là par Dominique Rainaldi (Indice 13), f. 145, on le trouve sous
ce titre *Relatio ad Pium V in lingua hispanica de ritu et idolatria quae obser-
vabatur olim in India*. L'authenticité de ce document est donc indiscutable et
l'on se trouve en présence de l'original de Sahagun. D'après l'archiviste
Mgr Mercati, personne n'a jamais étudié ni même demandé ce manuscrit.

«Je me propose d'en comparer le texte aux imprimés espagnols; s'il présente avec eux des différences notables, je le ferai photographier. L'écriture
est ancienne, parfois difficile; la dernière page, entre autres, présente une

erreur que je ne puis décrire nettement et qu'il est nécessaire de fixer par le cliché. La date semble d'une autre main que le reste du manuscrit et se rapproche de la signature même de Bernardino de Sahagun. J'espère qu'on m'accordera toutes les autorisations nécessaires; je m'y emploie.

« A la Bibliothèque Barberini, le livre du « Licencié Antonio de Léon » (Madrid, 1629) m'a donné une liste très précieuse des ouvrages manuscrits et imprimés de cette époque. J'ai pu en trouver quelques-uns qui m'étaient inconnus : une lettre en latin du P. Julian Garces : *Ad Paulum III sobre la capacidad de los Indios*, lettre pleine de sympathie pour ces peuples avec des détails sur leurs mœurs. J'en copie les passages qui ont trait à mes recherches; — le livre d'Agustini Davilla Padilla : *Historia de la provincia de Santiago de Mexico*, Madrid, 1596 f°, très rare, donnant de nombreux et intéressants détails sur l'idolâtrie des Indiens, leurs pratiques de magie, etc.; j'en ai copié les chapitres XXIV : *De los templos y ceremonias con que los Indios adoravan a los idolos en sa gentilidad;* XXV : *De la variedad de los idolos y orden de los sacerdotes en la gentilidad de los Indios;* LXXXVIII : *De los idolos y sus sacerdotes que se descubrieron en Comaltepec y Halinaltepec;* — de ci de là, quelques autres passages curieux. D'autres ouvrages, mentionnés par A. de Léon, par exemple le ms. de F. Domingo de Vico, dominicain, notamment : *Teologia de los Indios*, — et *De todas las historias, fabulas i errores de los Indios*, ont échappé à mes investigations. J'ai appris, par un archiviste qui a travaillé cinq ans à Simancas, qu'il y aurait des chances de trouver ce ms. dans ces archives ou à Séville.

« De plus, dans la *Collectio Maxima conciliorum omnium Hispaniae et novi orbis, epistolarumque decretalium*, etc. *cura et studio Sacny de Aguirre*, bénédictin, j'ai trouvé des détails fort intéressants relatifs à la persistance de la magie sous l'apport chrétien...

« Les Archives de la Sacrée Congrégation de la Propagande de la Foi, fondée en 1622, sont très riches en relations de toutes les missions. Les femmes n'y sont pas admises. Le cardinal-préfet Mgr Van Rossum m'a cependant autorisée à jeter un coup d'œil sur les Archives relatives au Mexique et à l'Amérique centrale et à charger un copiste du travail que je ne pouvais faire moi-même. Je n'ai donc pu, à mon grand regret, examiner aussi longuement qu'il était nécessaire tous ces documents. Je fais copier, entre autres, une *Relacion secreta... De ritibus gentium occidentalium earumque moribus*, inédite d'après l'archiviste... Certainement la Propagande possède beaucoup de documents inédits; mais il est difficile et fort délicat d'y pénétrer. »

4° PROGRAMME DES CONFÉRENCES

POUR L'ANNÉE SCOLAIRE 1920-1921.

I. *Religions des peuples non civilisés.* — M. M. MAUSS : Les formes primitives de la poésie religieuse, les lundis à 10 heures 1/4. — Études sur l'organisation politique et religieuse en Mélanésie (documents de M. le Dr Rivers, F. R. S.), les mardis à 10 heures 1/4.

II. *Religions de l'Amérique précolombienne.* — M. G. RAYNAUD : La religion et la magie en Moyenne Amérique; les documents écrits; les villes ruinées; les vendredis et samedis à 4 heures 1/2.

M. ZEITLIN, diplômé de l'École, fera quelques leçons sur : Les antiquités du Venezuela.

III. *Religions de l'Extrême-Orient.* — M. M. GRANET : 1° Le deuil dans l'ancienne Chine, les mardis à 4 heures; 2° Textes relatifs au deuil, les mardis à 5 heures.

IV. *Religions de l'Inde.* — Pendant l'absence de M. FOUCHER, chargé de mission dans l'Inde, M. MASSON-OURSEL, chargé d'une conférence temporaire : Études de philosophie indienne, les mardis à 3 heures. — Explication de la version chinoise du Vimçakakârikâprakarana de Vasabandhu, les mardis à 4 heures.

V. *Religions de l'Égypte.* — M. A. MORET : 1° Textes relatifs à l'extension des droits religieux aux différentes classes sociales en Égypte, les mardis à 2 heures; 2° Exercices pratiques, les mardis à 3 heures.

VI. *Religion assyro-babylonienne.* — M. C. FOSSEY : La cosmogonie babylonienne : explication et discussion des principaux textes, les mardis et jeudis à 5 heures.

VII. *Religions d'Israël et des Sémites occidentaux.* — M. Maurice VERNES : Examen comparatif des Quatre Évangiles : la Passion; classement des matériaux pour une Vie de Jésus, les mercredis à 3 heures 1/4. — Recherches

sur l'introduction des rites étrangers en Israël et en Juda au temps des Rois;
explication du livre prophétique d'Ézéchiel, les lundis à 3 heures 1/4.

VIII. *Judaïsme talmudique et rabbinique.* — M. Israël Lévi (en congé)
sera suppléé par M. M. Liber : Le christianisme et les chrétiens dans la littérature rabbinique, les lundis à 10 heures. — Explication critique du traité
Aboda Zara (des Païens) dans le Talmud palestinien, les lundis à 11 heures.

IX. *Islamisme et Religions de l'Arabie.* — M. Clément Huart ; Explication du Coran (chap. vii) à l'aide du Commentaire de Tabari, les lundis
à 4 heures et 1/2. — La mystique persane, d'après le Methnewî de Djelâl
eddin Roûmi (3ᵉ livre), les mercredis à 4 heures.

X. *Religions de la Grèce et de Rome.* — M. J. Toutain : Les plus anciens cultes romains et leurs principaux rites, d'après les découvertes et les
publications récentes, les jeudis à 3 heures. — Les divinités et les cultes des
eaux et des forêts dans la Grèce antique, les vendredis à 5 heures.

XI. *Religions primitives de l'Europe.* — M. H. Hubert : Monuments figurés de la religion gallo-romaine, les jeudis à 10 heures. — Traces de la
religion celtique dans les romans du cycle d'Arthur, les jeudis à 11 heures.

XII. *Littérature chrétienne et Histoire de l'Église.*

1° Conférence de M. Eugène de Faye : Explication des Homélies d'Origène sur Jérémie, les lundis à 4 heures 1/2. — La pensée chrétienne au
iiiᵉ siècle : les Gnostiques et Origène, les jeudis à 9 heures 1/4.

2° Conférence de M. Paul Monceaux ; La Chronique de Sulpice Sévère, les lundis à 2 heures. — Études pratiques : L'épigraphie chrétienne
de la Gaule (rive gauche du Rhin), les mardis à 10 heures 3/4.

XIII. *Christianisme byzantin et Archéologie chrétienne.* — M. G. Millet ;
Les Monuments du Mont Athos, les jeudis à 2 heures 1/2. — Études
pratiques d'archéologie, d'épigraphie et de diplomatique, les samedis à
9 heures 1/2.

Visite de la *Collection byzantine*, les samedis à 10 heures 1/2.

XIV. *Histoire des doctrines et des dogmes.*

1° Conférence de M. F. Picavet ; La doctrine de la Prédestination de
saint Paul à Jean Scot Érigène et à Jansénius, avec traduction et commen-

taire des textes les plus importants, les jeudis à 8 heures. — La théologie
de saint Thomas d'Aquin et celle de Roger Bacon, avec traduction et commentaire pour une future édition de textes empruntés à l'un et à l'autre, les
jeudis à 4 heures 1/2.

2° Conférence de M. P. ALPHANDÉRY : Les théoriciens de la Croisade, les
lundis à 3 heures 1/2. — Études sur le prophétisme dans le moyen âge
latin : le prophétisme au xv° siècle, les vendredis à 3 heures 1/2.

XV. *Histoire du droit canon.* — M. R. GÉNESTAL : La dégradation des clercs
et le privilegium fori, les vendredis à 8 heures 1/2. — L'Église et les puissances laïques à l'époque carolingienne, les vendredis à 9 heures 1/2.

COURS PROFESSÉ PRÈS LA SECTION DES SCIENCES RELIGIEUSES
DE L'ÉCOLE PRATIQUE DES HAUTES ÉTUDES.

Histoire et organisation de l'Église catholique depuis le Concile de Trente.
— M⁵ʳ L. LACROIX : Fénelon, les samedis à 3 heures.

CONFÉRENCE TEMPORAIRE.

Conférence de M. Éd. DUJARDIN sur des *Questions relatives aux Églises
chrétiennes du 1ᵉʳ siècle,* les mercredis à 5 heures.

ADRESSES DES DIRECTEURS D'ÉTUDES.

MM. Alphandéry (Paul), rue de la Faisanderie, 104 (xvie).
De Faye (Eugène), rue de Babylone, 37 (viie).
Fossey (Charles), boulevard Raspail, 236 (xive).
Foucher (Alfred), boulevard Raspail, 286 (xive).
Génestal (Robert), à Saint-Contest, près Caen (Calvados).
Granet (Marcel), avenue du Parc-de-Montsouris, 30 (xive).
Huart (Clément), rue Dupont-des-Loges, 12 (viie).
Hubert (Henri), avenue Gambetta, 4, à Chatou (Seine-et-Oise).
Lévi (Israël), rue La Bruyère, 54 (ixe).
Lévi (Sylvain), rue Guy-de-Labrosse, 9 (v^e).
Mauss (Marcel), rue Bruller, 2 (xive).
Millet (Gabriel), rue Hallé, 34 (xive).
Monceaux (Paul), rue de Tournon, 12 (vi^e).
Moret (Alexandre), rue Vaneau, 54 (viie),
Picavet (François), au Collège de France (v^e).
Raynaud (Georges), rue Saint-Paul, 21 (ive).
Toutain (Jules), rue du Four, 25 (vi^e).
Vernes (Maurice), rue Notre-Dame-des-Champs, 105 (vi^e).

Lacroix (Lucien), chalet Richelieu, à Pougues-les-Eaux (Nièvre).

ADRESSES DES CHARGÉS DE CONFÉRENCES TEMPORAIRES ET DES SUPPLÉANTS.

MM. Dujardin (Édouard), au Val-Changis, Avon, près Fontainebleau (Seine-et-Marne).
Liber (Maurice), rue Saulnier, 14 (ixe).
Masson-Oursel (Paul), rue de Milan, 11 (ixe).

TABLE DES MATIÈRES.

RAPPORTS ANNUELS

DE L'ÉCOLE PRATIQUE DES HAUTES ÉTUDES
SECTION DES SCIENCES RELIGIEUSES.

(Paris, Imprimerie Nationale.
Dépôt chez Leroux et chez Fischbacher, éditeurs.)

La science des religions et les religions de l'Inde, par Sylvain Lévi. — Rapport sommaire sur les conférences des exercices 1889-1890, 1890-1891, 1891-1892.

L'Évangile de Pierre et les Évangiles canoniques, par A. Sabatier. — 1893.

La survivance de l'âme et l'idée de justice chez les peuples non civilisés, par L. Marillier. — 1894.

Nouveau mémoire sur l'épitaphe minéenne d'Égypte inscrite sous Ptolémée, fils de Ptolémée, par Hartwig Derenbourg. — 1895.

Roscelin, philosophe et théologien, d'après la légende et d'après l'histoire, par F. Picavet. — 1896.

De la place faite aux légendes locales par les livres historiques de la Bible (Juges, Samuel, Rois), par Maurice Vernes. — 1897.

Les Ordalies dans l'Église gallicane au IXe siècle, Hincmar de Reims et ses contemporains, par A. Esmein. — 1898.

Étude sur les capitoles provinciaux de l'Empire romain, par J. Toutain. — 1899.

La valeur du témoignage historique du Pasteur d'Hermas, par Jean Réville. — 1900.

L'Implacable providence de l'ancien Mexique, par G. Raynaud. — 1901.

Vigilance de Calagurris, un chapitre de l'histoire de l'ascétisme monastique, par A. Réville. — 1902.

La collection chrétienne et byzantine des Hautes Études, par G. Millet. — 1903.

L'origine des pouvoirs magiques dans les sociétés australiennes, par M. Mauss. — 1904.

Étude sommaire de la représentation du temps dans la religion et la magie, par H. Hubert. — 1905.

La christologie des pères apologètes grecs et la philosophie religieuse de Plutarque, par Eugène de Faye. — 1906.

Le péché originel dans les anciennes sources juives, par Israël Lévi. — 1907.

Une liste indienne des actes du Buddha, par A. Foucher. — 1908.

Le procès sur l'état de clerc aux XIIIe et XIVe siècles, par R. Génestal. — 1909.

La Section des sciences religieuses de l'École pratique des Hautes Études, de 1886 à 1911, par J. Toutain, avec préface de A. Esmein. — 1910.

Timgad chrétien, par P. Monceaux. — 1911.

Notes sur le Messianisme médiéval latin (XIe-XIIe siècles), par P. Alphandéry. — 1912.

Nouvelles recherches sur la légende de Selmân du Fars, par Clément Huart. — 1913.

L'Enfer égyptien et l'Enfer virgilien, par E. Amélineau. — 1914.

Sinaï contre Kadès, les grands sanctuaires de l'Exode israélite et les routes du désert, par Maurice Vernes. — 1915.

L'idée religieuse de la Rédemption et l'un de ses principaux rites dans l'antiquité grecque et romaine, par Jules Toutain. — *Les Caractéristiques de l'École pratique des Hautes Études — Sciences religieuses — et sa place dans l'Enseignement supérieur français*, par Maurice Vernes. — 1916.

Hypostases plotiniennes et Trinité chrétienne, par François Picavet. — 1917.

Les créations et les guerres des Dieux, d'après une bible centro-américaine, par Georges Raynaud. — 1918.

De l'originalité de la philosophie chrétienne de Clément d'Alexandrie, par Eugène de Faye. — 1919.